LE TUVE QUE PEGAR

ExLibric

VIOLETA WINGS

LE TUVE QUE PEGAR

EXLIBRIC

ANTEQUERA 2025

LE TUVE QUE PEGAR
© Violeta Wings
Diseño de portada: Dpto. de Diseño Gráfico Exlibric

Iª edición

© ExLibric, 2025.

Editado por: ExLibric
c/ Cueva de Viera, 2, Local 3
Centro Negocios CADI
29200 Antequera (Málaga)
Teléfono: 952 70 60 04
Fax: 952 84 55 03
Correo electrónico: exlibric@exlibric.com
Internet: www.exlibric.com

ISBN: 979-13-88079-36-8
Depósito Legal: MA 2024-2025

Impresión: PODiPrint
Impreso en Andalucía – España

Nota de la editorial: ExLibric pertenece a Innovación y Cualificación S. L.

VIOLETA WINGS

LE TUVE QUE PEGAR

A mi abuela, a mi madre y a mis tías,
por seguir siendo amor entre violencia.

A mis salvavidas.
A las víctimas que se fueron al cielo sin querer irse.

Y a mí, por seguir,
por luchar para que el sistema nos ampare,
por elegir dejar huellas bonitas
en el corazón de los demás y no cicatrices,
por intentar mejorar este mundo,
queriendo que mi paso por esta vida sea transcendental.

Índice

Prólogo...13

1. De niña a *ninja* 15
2. Las cadenas invisibles del maltrato.................27
3. Corazón de silicona.................................39
4. Puñaladas al corazón............................ ...45
5. Los debates del corazón......................... ...73
6. Sustituir mochilas por alas.......................79
7. Soñar temblando 87
8. Confusiones entre carencias.........................95
9. El pájaro en la jaula 103
10. Mis salvavidas 115
11. Mi voz, mi libertad.............................. 123

Agradecimientos................................. 131
Nota de la autora 133

Prólogo

Este no es un libro bonito. Es una historia real. Cruda. Dolorosa. Es lo que viví y lo que viven muchas personas que no pueden contarlo. Yo sí puedo —con un seudónimo—, y por eso lo hago. Porque callar duele más que escribir. Escribí estas páginas como quien se agarra a un salvavidas. Para no hundirme. Para poner orden al caos. Para gritar, aunque sea en silencio. Porque si hay algo que aprendí en este camino lleno de gritos, ausencias, abusos y traiciones es que la palabra puede ser un arma… o un refugio.

Este libro nace, también, como una denuncia. Después de que el hermano de mi tía —ambos, hermanos de mi madre— intentara asesinarla a puñaladas, nadie nos ayudó. Ni la familia. Ni el barrio. Ni el sistema. Descubrimos de golpe que en España las víctimas de violencia intrafamiliar no están amparadas como deberían. Que, si el agresor no es pareja o expareja, las víctimas quedamos completamente desprotegidas. Por eso, además de sanar y contar, quiero luchar para que esto cambie. Para que ninguna víctima tenga que volver a su lugar de maltrato. Para que el miedo no sea la única compañía. Para que haya justicia también cuando el maltrato viene de quien lleva tu apellido.

El seudónimo que he elegido, Violeta Wings, también habla de esto: «Violeta», porque representa la lucha por la igualdad de género. Y «Wings» —«alas»—, porque todas las víctimas necesitamos volar cuanto antes de los lugares donde se nos maltrata. Volar lejos, y libres.

Este libro no es solo mío. Es de mi madre, de mi abuela, de mi tía, de todas las personas que crecen con miedo, de quienes siguen cuidando mientras nadie los cuida y de quienes se atreven a romper cadenas, aunque tiemblen por dentro. A veces la rabia habla. Otras veces, la tristeza. Pero siempre, siempre, habla el amor. Amor por la justicia. Por la infancia. Por la verdad.

Ojalá este libro llegue a quien lo necesite. Para que sepa que no está sola. Para que entienda que lo que vivió no era normal. Y para que, si aún no ha encontrado la fuerza, sepa que existe. Que está ahí, esperando. Como me esperó a mí.

Necesito que contéis esta historia a cuantas más personas mejor, por favor. Ojalá podamos cambiar las leyes y que la gente que puede hablar lo haga por las personas que no podemos. Sacadnos del lugar del maltrato.

Gracias por leerme. Por escucharme. Por no apartar la mirada.

Violeta Wings

1

De niña a *ninja*

Esta es una historia basada en hechos reales, pero para protegerme a mí y a otras víctimas he necesitado cambiar nombres, escenarios y detalles. Cualquier coincidencia en tiempos, lugares o personas es mera coincidencia.

Mi nombre ficticio es Ailana. Ojalá os pudiera decir mi verdadero nombre, pero lo que vengo a contaros es la realidad que, por desgracia, viven muchas personas y, como podréis ver más adelante, es mejor mantenerse en el anonimato. Me oculto yo, pero no la historia; vengo para alzar la voz. Este libro está escrito en primer lugar como terapia, porque la escritura fue una de las cosas que me salvó del horror. Es mi confidente, y ahora lo vais a ser vosotros. He escogido el nombre de Ailana porque significa 'portadora de luz', una luz que brilla pese a tener un contexto familiar negro.

Mi historia va por todas las Ailanas que, sin pedir venir a este mundo, sufrieron o sufren violaciones, traumas y maltrato de todo tipo, y que, aun con todo ese dolor, sonríen, ayudan e iluminan con su amor este planeta. Otras muchas estarán en depresión, con ansiedad e incluso se suicidarán. ¿Qué podemos hacer con todo esto? No vengo a darte consejos ni mucho menos, pero podríamos transformarlo en resiliencia, en protegernos con el autocuidado y en ayudar a otras personas. Esto es la teoría, la práctica y el día a día no son tan fáciles. Cuando nos sentimos vulnerables y nos maltratan, nos dejan una huella imborrable. Con el tiempo, podemos ir sanando, pero los recuerdos se quedan grabados en la mente.

En mi caso, nací en una familia como *La noche estrellada* de Van Gogh, porque vaya cuadro. Si llego a saber lo que se me venía encima, en ese momento hubiera llamado a san Pedro para que abortara mi misión y mi nacimiento. Lo primero que me encontré fue a mi madre. A mi padre lo estuve buscando, pero resulta que, como nací a las tres de la tarde, el hombre se había ido a comer —prioridades, querida—. Vine en mala hora para él, pero lo entiendo, porque ¿qué persona en su sano juicio asistiría al nacimiento de su hija cuando su mamá —otro personaje del cual hablaré más adelante— ha preparado una *delicatessen* como son los macarrones con tomate? Ya lo dicen por ahí, un hijo es para toda la vida, pero unos macarrones…

Eso como bienvenida y como *spoiler* a lo que me iba a ir encontrando por mi camino. La palabra «padre» se le queda grande, en realidad, siempre lo he considerado solo mi engendrador. Padre, madre o familia en general es quien te ama, te protege y te educa. Por eso estos títulos no los trae la biología. Sin embargo, para facilitaros la lectura, me referiré a él como mi «padre». Hablaré de mi relación —escasa— con él posteriormente. Ahora me voy a centrar en mi yo niña viviendo en el barrio conflictivo.

Recuerdo esa casa como un lugar oscuro, como el barrio en general. Y lo peor es que era el reflejo de la gentuza que vivía ahí. Vivíamos en unos antiguos trasteros habilitados como vivienda. La humedad entraba en nuestros pulmones como los traumas entraban en nuestra cabeza. Además, tanto mi hermano como yo somos asmáticos, así que era un sitio ideal para crecer como podéis ver. En este barrio crecí desde bien pequeña con el miedo a que me violasen, porque, además de vivir situaciones de indefensión, resulta que ya había antecedentes de violaciones —de miembros de la familia—.

Mi abuelito era un violador, y lo mismo violaba a un perro que a mi abuela o a mi madre. Un maltratador de manual. Palizas, violaciones, manipulación... No sé si era un psicópata, lo que sí os aseguro es que era un hijo de su madre. Siempre tenía pesadillas con que me venían a hacer daño y yo tenía que escapar. Mis sueños reflejaban el miedo que tenía e incluso la oscuridad de la que os hablaba. En mis sueños recuerdo soñar con el callejón —que unía mi casa con la carretera— y el barrio, donde solo había una luz tenue de una bombilla del portal del edificio cercano a donde vivíamos. A la edad de nueve años, yo ya tenía la responsabilidad de cerrar todas las ventanas con pestillo para que mi abuelo —o cualquiera— no pudieran violarnos. Mi madre se iba de madrugada a limpiar, venía a las ocho de la mañana, nos despertaba y nos llevaba al colegio.

Después ella se iba a cuidar a una señora hasta la tarde. Lleva sacrificándose toda la vida por los demás.

A la edad de cinco años, tres personas del barrio ya me habían propuesto tocarles el pene, vi cómo se masturbaban —entre ellos, mi abuelo—, y otro me encerró en un desván junto con su hermana de cinco años y nos pidió que nos bajáramos los pantalones. Todos estos episodios terminaban con un «no digas nada». ¡Y coño que si dije! En el caso del desván me pude escapar y avisar corriendo a mi madre. Una niña indefensa y asustada, que vivía un episodio como estos y tenía que seguir resistiendo. Algunos dicen que soy una superviviente. Yo no sé si lo seré porque, como hay tantas personas en peores condiciones, quito hierro al asunto, pero evidentemente no es normal crecer así. Como veis no solo era tener cuidado con mi abuelo, sino con la gente del barrio en general.

Mi día a día era como una ruleta, solo que, en vez de ser de suerte, era de traumas. Jamás se me olvidarán los gritos, imágenes y emociones que sentí en tantos momentos de tensión que presenciamos. Peleas y gritos que aún retumban en mi cabeza. Recuerdo hasta la camiseta que llevaba mi tía cuando le pegaron tres personas de la familia. Todo muy educativo, mejor que *Barrio Sésamo*. Yo dejé de ser una niña para convertirme en una *ninja*.

Cuando las familias se preocupan si sus hijos o hijas han sacado un cinco en matemáticas, yo pienso en llegarles al corazón. ¿Acaso alguien piensa en si esos niños están sufriendo en sus casas? No, se preocupan de qué notas sacan como si eso los hiciese mejores o peores personas. ¡Arriba la competitividad y no la cooperación! Y, por supuesto, la comparación.

Entiendo que las familias se preocupen de cómo van sus hijos e hijas en el colegio, pero, detrás de esas notas, hay vidas y no todas son bonitas. A veces la nota es el reflejo de las emociones de esos niños y de lo que están viviendo.

Estas vivencias me han hecho empatizar muchísimo con las personas y animales. No solo vi maltrato a personas, sino también a animales. Patadas de gente borracha al perro del barrio, matanza de conejos sacándoles los ojos para hacerles sufrir —esto último obra de mi abuelo— y un sinfín de situaciones de este tipo me hicieron sentir la responsabilidad, prácticamente innata, de proteger a los animales de esta gentuza. Siempre mediando con adultos con cero gestión emocional.

Además, siempre tuve que ser una niña madura y responsable. No me acuerdo de todos los episodios de mi infancia, pero algún recuerdo que se me viene a la cabeza es de cuando alguna vez mi tía Milagros, la cual tiene una enfermedad mental, bajaba a nuestra casa a las cuatro de la mañana porque mi madre se iba a trabajar. Ese trasiego no me gustaba, a veces me despertaba y no quería que mi madre se fuera. Es de agradecer que Milagros se quedara con nosotros, aunque considero que no era la opción más correcta por lo que os voy a contar ahora.

Cuando el despertador tocaba las ocho de la mañana, yo me levantaba, me vestía mientras mi tía seguía roncando, durmiendo con mi hermano, que, por aquel entonces, era un bebé. Yo tendría cuatro o cinco años, por lo tanto, era muy pequeña para hacer las cosas rutinarias bien. Os recuerdo que todas las ventanas tenían un pestillo echado

y la puerta estaba cerrada con llave. Así que tenía que inge-
niármelas para coger una silla, quitar el pestillo de la ventana
de la cocina y salir por ahí. Como no sabía peinarme, subía
a la casa de mi abuela, para que ella lo hiciera. Después,
un tío mío me llevaba a la escuela. El problema fue, por lo
que me cuenta mi madre, que, al ser tan pequeña, iba sin
desayunar, no olía demasiado bien, no iba bien vestida y al
final mi madre tuvo que dejar el trabajo que había cogi-
do para poder llevarme al colegio. Digamos que fue solo
una etapa, pero me acuerdo de algún episodio porque me
levantaba sola y tenía que hacer cosas que niños y niñas a
esa edad no deberían tener que hacer.

Así que realmente mi tía Milagros bajaba a dormir, pero
no se hacía cargo de mis cuidados. No me gustaba sentir esa
sensación de estar sola, encerrada en una casa y, a primera
hora de la mañana, tener que hacer malabares para salir de
ella, con lo fácil que hubiera sido que mi tía Milagros me
hubiera dado de desayunar y me hubiera abierto la puerta.
Mi madre tenía que hacer malabares porque, como veis, no
tenía apoyos. Mi abuela, al ser una mujer mayor, se quedaba
muchas noches, pero a veces estaba ingresada porque era
diabética. Mi tía Milagros tenía una enfermedad mental
y no estaba en sus cabales para cuidar de nosotros. Y mi
abuelo… Evidentemente, mi abuelo no era una opción.

Más adelante conoceréis a la familia de los Martínez,
gente que siempre estuvo ahí y se convirtió en nuestra
verdadera familia.

Debemos proteger a los niños y niñas, almas de pureza,
de la maldad, sobre todo si, *a priori*, estamos en un contexto

de maldad con antecedentes. Y en esto soy firmemente tajante. ¿Por qué traer a niños y niñas a contextos donde hay violencia, violaciones y maltrato? Esas almas que vienen al mundo van a ser víctimas de abusos de cualquier índole. Muchas transformarán el dolor y el trauma en resiliencia, pero jamás se les irán esos recuerdos y las sensaciones que vivieron —miedo y angustia—. Y, por supuesto, no hace falta decir que otras se suicidarán, porque sí, sobrellevar todo esto puede llevar al suicidio. Yo tuve pensamientos suicidas desde los catorce años hasta los veintiséis.

En momentos de desamparo y desesperación, ante una situación de máxima tensión como puede ser ver el apuñalamiento de una familiar por parte de otro familiar —lo narro más adelante—, te sientes tan impotente que te dan ganas de huir, y, cuando no tienes dinero para huir, se te pasa por la cabeza que el alma salga del cuerpo. Y, por supuesto, no quiero decir que esto sea una salida, solo estoy diciendo que, cuando vives en un ambiente familiar donde muchas personas justifican la violencia, es tan desesperante que convivir con ello es desgarrador.

El título de este libro salió de la boquita de un tío mío cuando explicaba que tuvo que pegar a mi tía (su hermana) por una discusión. ¡Cuánto trasfondo hay detrás de esa frase! Él fue víctima también del maltrato de mi abuelo y, como veis en esa frase, había normalizado la violencia, pero, evidentemente, eso no justifica que alguien se convierta en un maltratador. Este tío ha maltratado a animales y cuando yo tenía catorce años me enteré un día de que había lanzado por los aires al perro del barrio —de doce años por aquel entonces— por la pared de la perrera. Estuve insultándolo por Twitter. La rabia explotó en mí de esa forma; era una niña creciendo en una edad complicada y con todo el contexto que tenía. Mucho dolor.

A todo esto, esta rabia la tenía acumulada también porque mi madre, en busca de una opción para salir del barrio conflictivo, decidió alquilar un piso junto con este tío machista y su mujer. La convivencia duró dos meses; imaginaos a una revolucionaria como yo a los catorce años luchando contra el machismo. No podía escuchar a mi tío decir frases célebres como «aquí hay tres mujeres, no voy a poner el café» o decirle a mi madre «antes de salir de casa tienes que hacer las tareas del hogar». ¡PERO QUIÉN NARICES SE PENSABA QUE ERA PARA DECIR TODAS ESTAS BARBARIDADES! A mi madre, una mujer adulta.

Después de decidir que no podíamos convivir con ellos —con mi tío el machista y su mujer—, se colaron en la casa donde vivíamos —la de los trasteros—. A mi madre la dejaron con una deuda de un crédito brutal para una pobre limpiadora con dos críos. Mi madre cayó en una depresión porque tampoco tenía el respaldo de su familia. Nadie nos defendió y permitieron que este individuo se colara por su ley propia donde vivíamos, y, no contento con eso, jamás le dio a mi madre ni un duro. Esta indefensión ha hecho que siempre me sienta pequeña y con impotencia, he echado de menos que alguien nos defendiera en casos tan graves como este.

En esta época, empecé a dejar asignaturas; la situación era dramática. Vi la desesperación de mi madre al no tener ningún apoyo; las deudas la ahogaban, tenía dos hijos…, y recuerdo una llamada de su prima —una hermana para ella— en la que las dos lloraron. Esta prima nos trajo un pedido de un supermercado porque no teníamos comida. Con dieciséis años empecé a dar clases particulares para pagarme mi ocio y ayudar a mi madre.

Lo que más rabia me da de todo esto es que mi madre sigue ayudando a sus hermanos, que, como podéis ver, no todos se merecen su ayuda. Por estas cosas es tan importante desmentir eso de «la familia es lo más importante», porque no, por desgracia hay familiares que nos joden la vida y cuanto más lejos tengamos, mejor. Es importante poner límites.

Yo era una niña que soñaba con tener una casa de verdad, con vivir en calma, con irse lejos… Jamás consumí una droga —ni siquiera un cigarro—, aun estando rodeada de ellas, porque aprendí y vi con mis propios ojos las consecuencias de ser adicto a ellas. Una niña que siempre sonrió y nunca perdió su luz ni su alegría, a pesar de todo.

La niña, que creció en una chabola, se graduó en una universidad y aprobó unas oposiciones a la primera —aunque fuera sin plaza—. Ella es paciente, porque sabe que la vida tiene sus tiempos y que está haciendo todo lo posible para tener un futuro prometedor.

Me emociono al escribir estas líneas. Por todas las noches de miedo, por los momentos en los que lloraba al saber que iba a ver una pelea, por las veces que me llamaron «marimacho» por jugar al fútbol, por todo lo que he tenido que luchar y por los ovarios que tengo para querer justicia pero no venganza. Ser buena persona a pesar de recibir maltrato y tener la capacidad para identificar lo que es normal y lo que no, además de patrones, es un gran logro. Con el paso del tiempo he aprendido que no tenemos por qué perdonar o seguir ayudando a las personas que nos han hecho daño.

Tenemos que luchar y pedir ayuda si lo necesitamos para salir de esos contextos de maltrato y violencia, incluso cuando son familiares. Es duro, pero más duro sería vivir toda la vida rodeada de gente mala. Conmigo no han podido. Aquí estoy, luchando por mi futuro, alejándome de ellos y encima escribiendo un libro con todo lo que me hicieron.

Al crecer con el sentimiento de abandono y el miedo, siempre he tenido una baja autoestima. Gracias a gente externa, valoro lo conseguido, pero aun así me cuesta valorarme.

Crecí con el complejo de mi familia, me avergonzaba de ella. Cuando mis amigas me invitaban a sus casas, me sentía inferior al comparar las distintas familias. Una vez, para hacer un trabajo del instituto, vino una compañera de clase a mi casa y, cuando llegamos a la puerta, aún recuerdo su mirada de incredulidad. Jamás olvidaré esa mirada. Me dolió, aunque todo lo supliera con mi sentido del humor. Me sentía como el actor Robin Williams, feliz por fuera y por dentro corroída por la depresión. Estas vivencias las comparto también con mi prima Raquel, quien creció en el mismo barrio, con los mismos familiares, pero fue más lista y, aunque se fue con dolor, voló a otra ciudad de España.

Y ahora la tomo como ejemplo, porque siento que debo hacer lo mismo. Hablar con ella es encontrar esperanza en que al menos alguien de mi familia, de mi misma sangre, es racional y sensible como yo.

La ausencia de mi padre me ha marcado inconscientemente. Yo siempre fui una niña muy risueña y alegre, pero cuando fui creciendo empecé a ir echando de menos aquello que veía en mis amigos. Al fin y al cabo, solo necesitaba cariño, amor y comprensión.

Al no tener a mi padre, sentía que me tenía que enfrentar sola a un mundo de leones. Siempre he jugado al fútbol y era la única niña del equipo. Gracias a Dios tuve a gente que creyó en mí más que yo, aunque, al jugar bien al fútbol y ser una niña, escuché alguna vez que era una marimacho y que jugaba porque era el ojito derecho de mi entrenador.

Esas voces envidiosas empezaron a disiparse cuando seguí creciendo, jugué en nacional en el mejor club de mi ciudad (mientras que a muchos de esos niños ya los habían echado por falta de calidad del club donde crecimos desde pequeños) e incluso, aunque nunca se llegó a llevar a cabo, hubo una o dos temporadas en que me dijeron que la selección española me estaba siguiendo. Al final no me llevaron a probar, pero simplemente el hecho de saber eso me llena de un orgullo máximo.

Algún entrenador y algunos vecinos se acuerdan de mí cuando ven a las chicas jugar por la tele. Y la sensación que comparten es la misma: qué pena y qué desperdicio el hecho de que no siguiera jugando al fútbol por mi machaque emocional y mental. Crecer en un entorno violento y no tener apoyo familiar es difícil de lidiar.

Sé que debería haber seguido, pero estoy orgullosa de esa niña que hizo lo que buenamente pudo con las cargas familiares que tenía. Ahí estaba yo, luchando —sin saberlo— mientras jugaba con un balón, en un mundo de leones.

Es importante tener hijos con conciencia de la responsabilidad que tenemos. ¿Para qué los traemos? Para ser felices, ¿no? Darles amor debería ser lo mínimo.

A ti, papá, no sé qué decirte, no me diste buenas lecciones, pero las utilicé para convertirme en una persona que intenta que los niños y niñas que tiene reciban el amor y el cariño que nunca tuvo por tu parte. Me he enterado de que mi padre ahora trabaja en el sector de la limpieza, supongo que ahora quiere «lavar su imagen».

Este capítulo abraza a mi niña interior; nos estamos recuperando aún de aquello que vivimos indefensas, pero la adulta está priorizándose para que esa niña salga del miedo y empiece a correr y a volar en libertad.

2

Las cadenas invisibles del maltrato

La herencia de portar luz al mundo me viene de mi madre y mi abuela materna. Todas tenemos en común que somos almas puras, buenas, inocentes y que hemos sufrido maltrato. El machismo siempre ha estado presente y nos ha denigrado como mujeres. Tú a fregar, tú a parir, tú encárgate de la crianza de los niños, tú, tú y TÚ.

Hicieron lo que pudieron frente al machismo que las oprimía como mujeres.

Mi madre quiso estudiar, pero no le dieron la oportunidad de hacerlo, se tuvo que poner a trabajar con trece años. A esa edad también se fue sola a Madrid, para sacar a su hermano mayor de la droga. Imaginaos a una niña de trece años en lo peor de Madrid, yendo a la aventura para encontrar a su hermano y traerlo de nuevo a casa. Me parece increíble. Son episodios que le han tenido que traumatizar y, sin embargo, no es capaz de soltar prenda para quitarse todas las mochilas que lleva encima y empezar a vivir su vida, para intentar ser feliz.

A los trece años, por cierto, se dio cuenta de que su padre llevaba cuatro años violándola. Cuando se lo contó a mi abuela, esta la creyó y, dentro de esas circunstancias, lo único que hizo, o que pudo hacer, fue evitar que mi madre se quedara a solas con mi abuelo. Fue su forma de proteger a mi madre. Ojalá estuviera viva, este libro sería muchísimo más rico y podríamos narrar historias que, desgraciadamente, mi abuela se llevó con ella al cielo.

Eso sí, lo que no se ha ido es el amor que nos teníamos. Mi abuela siempre ha sido muy especial para mí. Era muy buena persona, todo el mundo que la conocía hablaba de su bondad. Cuando se liberó de mi abuelo, yéndose al cielo, se convirtió en la destinaria de mis celebraciones de goles en el fútbol. Siempre nos cuidó a mi hermano y a mí, aunque estuviera enferma. Falleció cuando yo tenía ocho años, pero, como os digo, siempre he tenido una conexión especial con ella. Ahora no la veo, pero el amor siempre transciende.

Según mi tía Soco, mi abuela nació en una familia adinerada —yo llegué, de nuevo, tarde—, pero con la Guerra Civil, el bando franquista se apropió de las tierras que tenían. Los padres de mi abuela eran de izquierdas, aunque ayudaban a los dos bandos: siempre tenían un plato de comida para dar. Fallecieron cuando ella tenía nueve años. Nadie sabe por qué fallecieron, será un misterio siempre, aunque mi tía Soco no descarta la hipótesis de que al padre de mi abuela lo fusilaron los franquistas. El caso es que, a esta edad, un tío de mi abuela se quedó con sus tres hermanos mayores y a ella la enviaron a un convento de monjas. Estuvo desde esa edad hasta los diecinueve años. Diez años rodeada de personas que, según mi tía Soco, cuidaron de mi abuela y ella siempre recordaba con cariño. Cuando mi abuela fue madre, las visitó, por el amor que se tenían. Mi abuela siempre habló bien de su paso por el convento.

Después, se fue del convento y conoció al villano principal de esta historia, mi abuelo. Ojalá no se hubiera encontrado con él. Ni con él ni con otro hijo de su madre, vaya. La inocencia de mi abuela hizo que le perdonara todo, que estuviera ahí, acompañando a su marido, aun viendo cosas horrendas. Bueno, la inocencia, el machismo y las circunstancias. Con ocho hijos a cuestas era difícil que pudiera salir de ese entorno. Sí que es cierto que tanto mi abuela como mi madre regentaron un quiosco de gominolas y bocatas, y estuvieron al pie del cañón hasta que las cuentas empezaron a descuadrar. Todos los ingresos que entraban se gastaban, por lo que no era una buena operación para llevar un negocio. Mi madre era la única que sabía gestionarlo, pero, claro, si todo el mundo metía mano, al final era complicado pagar las facturas.

Además, el quiosco estaba en una buena ubicación porque cerca había un instituto y era común que los jóvenes fueran a comprar bocatas o chuches. La tienda tuvo que cerrar. Una mierda. Un querer pero no poder.

Una de las anécdotas de mi abuelo fue que trabajó en Alemania un tiempo y que, como era costumbre, gastaba gran parte de su salario en prostíbulos y máquinas tragaperras. Lástima que fuesen tragaperras, si hubiesen sido «tragaperros» nos hubiéramos ahorrado muchas cosas. Así que a mi abuela no le quedó más remedio que enviarle dinero para que volviera a España. ¡A buena hora! Qué a gusto hubieran vivido sin él. Un ser despreciable, sin escrúpulos, que se fue de rositas. Les daba palizas con las gomas de las bombonas e incluso también pegó a mi abuela. Menos mal que llegó el día en que uno de mis tíos creció y, cuando vio que mi abuelo iba a pegar a mi abuela, lo amenazó con que, si le tocaba un pelo, le iba a pegar una paliza.

Evidentemente, no hay que justificar la violencia, pero, claro, en estas situaciones, si hay que defenderse, no queda otra, porque estas personas que ejercen violencia no entienden ni razonan. Todo lo que vivieron mis tíos entiendo que los haya traumatizado y que hoy son lo que son por su pasado. Pero, claro, deberían ir a una psicóloga para tratarse y ayudar al prójimo, no joderlo. No es justificable que, porque en su día fueran víctimas de maltrato, ahora ejerzan y normalicen la violencia.

Mi tía Soco, la mayor de todos los hermanos, tenía una responsabilidad desde que era niña que es digna de admirar; aunque ojalá hubiera sido simplemente una niña disfrutando de su infancia. Era otra época, con nueve años hacía las tareas del hogar y hacía la comida para todos. ¡Con nueve años! Siento lástima de que los niños y niñas dejen de ser niños y niñas. Mi tía Soco siempre ha cuidado del resto, me gustaría que también la cuidaran a ella. Ahora cuida también de su marido y, en parte, me da rabia que tenga la necesidad y responsabilidad de hacerlo. Los hombres también se valen por sí mismos y no debería actuar como si fuera su madre. Pero, bueno, repito que llevan interiorizado un machismo que, ya, con la edad que tienen, no creo que puedan quitarlo. Confío en que, en su próxima vida, tengan una vida mejor, más tranquila y más igualitaria.

Siguiendo con mi abuelo, mirad si era interesado que dejaba que sus hijos fueran a su casa a ponerse hasta arriba de heroína y coca a cambio de que le dieran dinero para comprar una cajetilla de tabaco. Incluso a mí solo me ofrecía caramelos si mi madre le daba un cigarro. Aunque, sinceramente, esto es lo más leve y desde luego que cuanto más lejos estuviera de él, mejor.

Recuerdo una noche, cuando mi abuela aún vivía, que me quedé a dormir en su piso. Por aquel entonces, yo tendría unos cinco años. En ese piso vivían dos tíos míos y mis abuelos. A la hora de dormir, yo me fui al colchón tirado que había en el cuarto de mi tía —ella estaba trabajando y aún no había llegado—. En un momento de la noche, me desperté y me fui a la habitación de mis abuelos porque tenía miedo. Me metí entre mi abuelo y mi abuela y, de repente, mi abuela me cogió y me sacó de estar al lado de mi abuelo. Me puso entre ella y la mesita. Me estaba protegiendo, aunque yo en ese momento no lo supiera.

Un tema importante a tratar es el de los sentimientos encontrados cuando hay abuso y maltrato dentro de la familia. Existen personas incapaces de denunciar a su abusador o maltratador por miedo a la reacción de la familia, por no romperla. Se sienten culpables. Y, en aquella época en la que aún había más machismo, no sé hasta qué punto una hija podía denunciar a su padre por violación. Además, dependían económicamente de él. Hay circunstancias que, por desgracia, amarran a las víctimas a sus violadores y maltratadores.

Mi abuelo fingía infartos. Una vez, el karma le vino como en el cuento de *Pedro y el lobo*. Resulta que mi madre, sus hermanos y primos presenciaron una anécdota que sigue pasando de generación en generación. Estaban en el patio comunitario y, de repente, llegó el hombre del Círculo de Lectores. Vendía libros a domicilio y tanto mi madre como su prima solían comprar alguno. En ese momento, cuando este pobre hombre estaba hablando sobre los libros, mi abuelo cayó al suelo y empezó a temblequear.

Todos empezaron a reírse y a comentar: «Ya empieza con su teatrillo». El hombre del Círculo de Lectores se quedó pálido y anonadado ante la quietud de todo el que estaba allí. Que, también os digo, si en ese momento se hubiera muerto mi abuelo, el mundo hubiera sido un lugar mejor y mi familia hubiera vivido, a secas. Al final sí que le estaba dando un infarto y, cuando se dieron cuenta, llamaron a una ambulancia. El señor del Círculo de Lectores no volvió al barrio. A partir de ese momento, si mi madre o su prima querían libros, debían recogerlos en la oficina de Correos.

Además de fingir infartos, mi abuelo se cortaba superficialmente las venas para manipular a sus víctimas —su mujer y sus hijos e hijas—. ¿Cómo tiene que ser vivir con esta tensión? Otra de mis tías contaba que uno de mis tíos se subía por las paredes por el miedo. Víctimas que luego pasaron a ser verdugos. No todos, por supuesto. Pero, como habéis podido ver en el primer capítulo, tengo tíos que ejercen violencia. El mismo tío que nos echó de nuestra casa a mi madre, a mi hermano y a mí hizo que mis abuelos tuvieran que avalar su piso porque, si no, iba a entrar en la cárcel porque apuñaló a una persona.

Siempre le he dicho a mi madre que no me parece normal que ayude a los que le jodieron varias veces la vida

y que nunca se han preocupado de nosotros. Posteriormente os contaré la historia del apuñalamiento de mi tía
Milagros, cuando su hermano —ambos son hermanos de
mi madre— casi la mata. Os adelanto que, fruto de una
cultura machista, a mi tía siempre la han tachado de «loca»
y todo el mundo la trata mal. Además, la pobre fue violada
por tres hombres cuando tenía dieciocho años y no ha
podido volver a tener relaciones sexuales. En una ocasión,
cuando yo tenía unos diez años, mi tía Milagros comentó
que fue violada y uno de mis tíos le contestó: «Seguro
que lo disfrutaste». Yo en aquel momento no entendía
nada, pero ahora siento repugnancia y ya he marcado mi
discrepancia con ellos. Además, mi tía Milagros tiene una
enfermedad mental.

Volviendo al tema de que la tachan de «loca» y que
muchas veces la han culpado a ella de que la hayan maltratado, ¿es justo perdonarle todo a alguien pero no hacerlo
a una persona que tiene comportamientos a partir de una
enfermedad mental? Para mí no lo es. Menos mal que la
gente que realmente me quiere y me ayuda piensa, evidentemente, que las cosas que han ocurrido en mi familia
no son normales. Yo tengo la conciencia tranquila, otros
no pueden decir lo mismo.

Puedo llegar a sentir cierta empatía, pero no es justificable que, al tener una vida de maltrato, comiences tú
a maltratar a otra persona. Y es algo que les he intentado
inculcar tanto a mis tíos como a mi madre. No es que mi
madre me maltrate, pero tiene resquicios de un machismo
interiorizado que la hacen capaz de perdonar a su violador, a

sus hermanos que le jodieron la vida e, incluso, de normalizar episodios de violencia.

Soy como un megáfono que grita todas estas injusticias. No pretendo cambiar a nadie, simplemente les he hecho llegar que, si siguen así, lo único que van a conseguir es que me largue. Tengo que pensar en mi paz. Me encantaría que mi madre se alejara también de todo esto y empezara a vivir su vida. Sin embargo, algo que he aprendido es que, si alguien no quiere, no se puede hacer nada. La quiero mucho y la ayudaré siempre, pero siempre sin que me salpique el machismo ni las tormentas de la familia y, por supuesto, viviendo mi vida, sin olvidarme de mí.

Hace un tiempo, una amiga mía, que es bruja, me comentó que la tierra es el infierno y que venimos a mejorar como personas. Solo encuentro esa razón para entender por qué hay maldad y seres como mi abuelo, que, por suerte, está muerto.

Mi abuelo, más que a mejorar, parece que vino para ejercer del propio diablo, ya que se encargó personalmente de hacer de nuestra vida un infierno. Y no solo me refiero al maltrato psicológico y físico reiterado que sufrieron sus hijos y mujer. Se tomó tan en serio este papel que no dudó en prender fuego a la casa donde vivíamos —la de los trasteros—, lo que nos hizo tener que vivir durante meses en casa de mi tía Soco. Este señor se merecía lo peor, pero tuvo la suerte de tener una mujer con un gran corazón y una hija que, a pesar de todo, estuvo cuidando de él hasta sus últimos días. Imaginaos lo que tiene que ser convivir toda tu vida y cuidar de tu violador y maltratador.

Sinceramente, creo que es importante hablar de «las cadenas invisibles del maltrato». El daño psicológico que ejerce alguien sobre ti puede llegar a inmovilizarte y, paradójicamente, el haber crecido en este contexto favorece la normalización del maltrato y que, de alguna manera, se convierte en tu zona de confort. No porque la víctima esté cómoda, sino porque no sabe desenvolverse en otro tipo de situaciones. Y esto es lo que creo que le sucede a mi madre. Ahora no vivimos en el barrio conflictivo, pero sí cerca, y ella sigue en contacto con las personas que le hicieron daño. Estoy segura de que, si mi abuelo estuviera vivo, mi madre seguiría preocupándose por él, porque eso fue lo que hizo hasta los últimos días de mi abuelo.

En el caso de mi abuela, entiendo que en aquella época había más machismo y que vería imposible irse a algún lugar con ocho hijos. Era una situación muy complicada.

Lo que sí os digo es que yo vengo a romper con estos patrones. Gracias a lo que he vivido, a mi madurez y a mi esfuerzo, me he formado y tengo la información suficiente como para saber qué es normal y qué no. Una de las razones por las que he decidido estudiar Magisterio es que el sufrimiento me ha hecho tener una empatía especial y me gustaría ayudar a los niños y niñas, en especial a aquellos y aquellas que vienen de contextos desfavorables. Quizá este libro también pueda abrir los ojos a adultos que estén viviendo bajo el maltrato o que conozcan a alguien en esta situación. Tengo claro que me quiero alejar de todo esto, de todo lo que me hace mal; merezco vivir en calma.

Con todo lo que he vivido, de momento no quiero ser madre. Primero tengo que sanar y estar bien emocionalmente. Pero, si alguna vez tengo hijos, desde luego que será con una estabilidad emocional y económica, en un entorno seguro y lleno de amor. Por lo menos crearé un contexto bueno y seguro. Además, es importante tener amor propio para intentar alejar a la gente que no nos hace bien.

Mi madre, después de vivir o, más bien, sufrir a su familia, conoció a mi padre. Aguantó muchos años con él por no tener amor propio. Incluso estuvo visitando a mi padre cuando estaba en la cárcel por tráfico de drogas. La pena que tengo es que mi madre se ha dejado totalmente, no tiene metas ni ilusión por la vida. Y no tener ilusión por la vida es empezar a morir. También entiendo que lo único que le apetezca a mi madre sea descansar.

Lleva más de treinta años siendo limpiadora, levantándose a las cuatro de la mañana para ir a trabajar todos los días. Y durante alguna época, sobre todo cuando éramos pequeños, según salía de trabajar como limpiadora, nos llevaba al colegio y se iba a cuidar a una señora hasta bien tarde. Lleva toda la vida sacrificándose por los demás; primero, por su familia, luego, por nuestro padre y, después, por nosotros. Me gustaría que ahora pensara en ella y disfrutara de la vida que no ha podido nunca tener.

También os digo, mi madre me ha enseñado a saber lo que no quiero en mi vida. No puede ser que alguien pase por esta vida sin darse la oportunidad de conocerse, volcándose con personas que le hacen —o le hicieron— daño, sin tratar sus problemas con una psicóloga y pasando la mochila emocional a sus hijos.

Nunca nos hemos ido de vacaciones. De hecho, la única vez que nos fuimos de viaje fue porque, en un principio, nos íbamos a ir con mi padre a vivir a Málaga. Nos íbamos de nuestra ciudad porque mi padre estaba en las faldas de su madre —la buena mujer que os mencioné antes— y querían la libertad de vivir sin ella.

El problema fue que, cuando llegamos a la estación de tren de Málaga, vimos que toda la familia de mi padre estaba allí. Ese fue el punto que necesitó mi madre para dejarlo. Además, mi padre no se aburrió y a la semana ya estaba con otra mujer. Ya podría tener yo la suerte de mi padre con las mujeres.

De momento, la única mujer por la que daría mi vida es mi madre. Siempre la ayudaré, viviendo mi vida, pero siempre intentando que esté lo mejor posible. Es lo mínimo que se merece después de todo.

Mi abuela y mi madre me han transmitido esa fortaleza y resiliencia que ellas tuvieron. Tuvieron muchas cosas que mejorar, como os digo, pero tengo empatía y pienso que simplemente fueron víctimas del machismo. Son mi inspiración y mi ejemplo a seguir. Les tocó vivir cosas horribles, así que este libro es un homenaje especial para ellas. Ya no podemos cambiar el pasado, pero sí podemos utilizarlo para luchar contra la maldad e intentar que otras personas no sufran lo que ellas sufrieron. Ellas no pudieron contarle al mundo las injusticias que vivieron, pero para eso llegué yo. A romper patrones y a contribuir a una sociedad donde haya más igualdad y respeto.

Con este libro pretendo crear conciencia, mostrar nuestra historia y cambiar las leyes para que las víctimas de violencia intrafamiliar también seamos amparadas; pero esto lo leeréis con más detalle en el capítulo cuatro, donde narro el sufrimiento por el apuñalamiento de mi tía a manos de su hermano y cómo sufrimos el rechazo de la familia y el del sistema al tratarse de un caso de violencia intrafamiliar.

Para terminar este capítulo, me gustaría mostraros un poema que he escrito para mi madre, para mi abuela materna y para todas las personas que sufren maltrato de algún tipo:

Ojos inocentes entre sombras tenebrosas,
buscando caricias con manos temblorosas,
no tengáis ningún miedo ni reparo
en ser conscientes de que sois vuestro faro.

Algún día, todo cambiará,
las peleas por las caricias,
los gritos por susurros,
el odio por el amor,
y, lejos de lo malo, estará vuestro corazón.

Por vuestra alma cuento este relato,
por las voces silenciadas
y las vidas de maltrato.
Queremos paz, calma y tranquilidad,
un poco de esperanza, que se vaya la maldad.

3

Corazón de silicona

Una vez, la psicóloga de la Seguridad Social me dijo, tras escuchar mi historia de vida, que yo era un oasis en medio de un desierto. Yo suelo contestar que el listón no estaba alto. A poco que fueras un cuarto de buena persona, ya destacabas. He ido saltando los obstáculos, sobreviviendo, como todas las personas que están en la misma situación que yo. No somos conscientes de lo que conseguimos hasta que vamos contando lo que vamos viviendo a gente ajena a nuestra familia. Nunca he tenido una buena autoestima y, al rodearnos de gente que nunca nos ha valorado, al final crecemos sintiéndonos pequeñas, con complejo de inferioridad, con miedo e inseguridad. Soy consciente de que quiero salir de aquí, pero al mismo tiempo el miedo me bloquea, no quiero volver a encontrarme con un contexto malo y violento.

Todo esto me ocurre porque he crecido con gente que siempre me ha tratado de «exagerada» y esas palabras me llevan haciendo daño cerca de treinta años. Y aprovecho para decir que nadie debe minimizar los sentimientos de nadie, porque tú no has vivido ni has sentido lo que ha sufrido esa persona. Nadie tiene que tacharnos de nada, solo escuchar. Pero incido mucho en esto porque he sentido ese rechazo de la gente que me conoce y no lo voy a tolerar más. No soy una exagerada, tú no estabas ahí, no me has visto llorar, ni sabes lo que he pensado, ni lo que he sufrido, simplemente, porque yo tengo unos zapatos y tú otros.

Podría haberme dedicado a muchos negocios —traficante, maltratadora profesional, carcelera, relaciones públicas con camellos, etc.— y, sin embargo, me dedico a la enseñanza —de momento—, soy sensible, empática y tengo buen corazón. Chicas, ni tan mal, ¿no?

Seguir siendo amor cuando estás rodeada de violencia y ser una persona risueña después de todos los episodios traumáticos que he vivido me llena de alegría y orgullo. Desgraciadamente, son muchas las personas que sufren algún tipo de maltrato y pese a todo son bellísimas personas. Como se suele decir, ¿cuáles son las flores del jardín que intentan arrancar? ¡Pues las más bonitas! Muchas veces las personas que más hemos sufrido y que más necesidades hemos pasado somos las personas más bondadosas y más buenas, seres de luz que siguen brillando y que quieren ayudar a otros seres a brillar. Desde aquí, os mando toda mi fuerza y mi admiración. También me acuerdo de las personas que sufren depresión y que no tienen metas en la vida. Ojalá pronto podáis ver la luz que lleváis dentro y que os ilumine, sabiendo que sois vuestro propio faro.

A mí desde luego que no me ha quedado otra que guiarme con mi propia luz.

En este capítulo me voy a centrar en la señora que parió a mi padre. No la considero nada de mi familia —ninguno de los nietos que ha tenido queremos tener contacto con ella de lo mala que es—. Aunque no es de mi agrado, hubiera deseado tener la autoestima que ha tenido esta señora. Lo único que le importaba era ella misma.

Me deseó la muerte cuando yo era una bebé. Y la verdad es que me dolió saberlo, de alguna manera me asusté al saber que alguien me había deseado la muerte a mí, cuando además yo era una bebé.

La angustia se me pasó al conocer las maravillosas anécdotas de las que fue protagonista. Entró en la cárcel porque tuvo la grandiosa idea de traer coca en lámparas desde Colombia —no tenía muchas luces como veis—. Pobrecita, yo creo que pensó que la coca iba a viajar a la velocidad de la luz a España y por eso decidió transportarla en lámparas.

Yo aún no había nacido, pero, en esa época, había más gente de mi «familia» dentro de la cárcel que fuera. Aquello parecía la serie *Vis a vis*, porque no solo entró esta heroína —nunca mejor dicho—, sino también sus hijos, incluido mi padre. Allá fueron, juntitos de la mano; siempre fueron una familia muy unida. La madre de mi padre siempre fue una mujer revolucionaria para la época. Era muy generosa, compartía todo con su hija, incluso los polvos.

Su hija tendría unos treinta años cuando se echó un novio de esa edad también. Tuvo que dejar de traerlo a casa porque su madre también se lo follaba. ¡Con setenta años! Ole sus ovarios y viva el alma joven. También a esta edad se operó las tetas.

La gente la conocía porque, además de sus hazañas —luego os cuento más—, tenía un pelo radiactivo. Se teñía el pelo como su hija, con el tono más llamativo de todos los tintes. Rubio platino. Nunca se preocupó de sus nietos y nietas, pero sí de meterse silicona en las tetas —prioridades, querida—. Yo por una parte me alegro de no tener contacto con ella. Imaginaos que me echo novia y mi «abuela» se la folla. Que a mí nadie me pertenece y cada uno es libre de hacer lo que quiera —mientras no haga daño al resto—, pero estaría feo que esta señora se follara a mi hipotética novia.

Mi primo mayor —que tuvo más contacto con ella— me contó que él, cuando era pequeño, fue en Navidad a la casa de esta señora y le obligó a ver una película gore y de terror si quería ver después dibujos animados. Me parece una psicópata haciendo sufrir a niños. Además, no les dejaba que la llamaran abuela. Eso sí, si salían a la calle y ella se encontraba con las vecinas o amigas, los obligaba a que la llamaran abuela. Era la reina de la apariencia. Si realmente su entorno hubiera sabido cómo era, sí que habrían huido a la velocidad de la luz. Mi primo me contó que en su salón tenía escopetas colgadas e incluso atemorizaba a alguna vecina. Creo recordar incluso que una vez envió a sus hijos a pegarle una paliza a una vecina. Criticaba a todo el mundo y era pura maldad.

Esta señora, y demás compañía, ha tenido más contacto con la Justicia española que con sus nietos y nietas. Una tragicomedia, supongo, porque realmente es una porquería que te toque una «familia» así y, por otra parte, como nunca se han preocupado de ti, tampoco los echas de menos y te ríes de las anécdotas que han protagonizado.

Mi primo y yo tenemos una coña que decimos siempre que pasamos cerca de la casa de esta señora: «¿Qué tal estará bueli? ¿Le pedimos la paga?». Por lo menos nos reímos y nos lo tomamos con humor.

Sí que es cierto que cuando más se sufren estas ausencias es cuando ves a otras familias que se reúnen —sobre todo en Navidad—. Y tú te ves ahí, con tu cuadro de Van Gogh, en silencio, escuchando *All I Want for Christmas is You*. Pero, bueno, yo os digo una cosa, teniendo a mi madre, me sobra el resto, y valoro y agradezco a la vida compartir momentos con mi mamá.

A veces nos centramos en lo que no tenemos, olvidando valorar también lo que sí está con nosotros y nosotras. Cenar en Nochebuena —o cualquier otro día— con quien sea que tengas y que quieras es un regalo. En mi caso, mi madre. Un regalo. Y, más allá de la Navidad, tener a tu tribu, porque no viene muchas veces de tu misma sangre. Mi familia me va llegando como los paquetes de Amazon.

Tengo a mi amiga Andrea, que se convirtió en mi hermana a raíz del fútbol con quince años, luego vino su novia, Virginia, a los veinte años, y también es una más de nuestra tribu. Adoro a mi amiga Paula y a Jenny, David, Lucía, José, Lidia, Ángel, Elena, Paola… Todos llegaron en distintas etapas de mi vida. ¿Qué es la familia? Quien te hace sentir bien, te cuida, se va contigo a hablar cuando lo necesitas, te abraza y celebra lo bueno que te pasa como si le hubiera pasado a él y a ella. Y aquí también meto a mis animales, a mi Kiara, que se fue al cielo hace poco y a la que quiero con toda mi alma, y al otro perrito que tenemos que es un ser de luz. Mi familia la voy construyendo yo con quien me transmite buenas vibras y me abraza con todo lo que soy. Os quiero tanto…

Así que, para cerrar este capítulo, solo queda decir de la mujer que parió a mi padre que quien vive lejos del amor, de la verdad y de la humildad no puede ser feliz. Donde tendría que haber tenido un corazón, solo había algo superficial, pura apariencia, un trozo de silicona.

Te pierdes a una nieta llena de luz, empatía y amor. Quédate con los macarrones con tomate, que yo me quedo con el corazón de una madre que hizo de madre y de padre.

4

Puñaladas al corazón

Como podéis ver, mi infancia no ha sido precisamente fácil. Sin embargo, el hecho que realmente supuso un punto de inflexión en mi vida, y que me llevó a querer escribir y compartir mi historia, ocurrió hace dos años. Siempre se ha dicho que la familia tiene que estar unida y que son las únicas personas que van a estar ahí para lo bueno y lo malo. Desde pequeña ya sabía que no podía contar con la mía, al menos con la gran mayoría de mis familiares, que, más allá de mantenerse al margen, han jodido todo lo que han podido y más. Pero, a pesar de los antecedentes que ya os he contado —y los que quedan—, jamás pensé que se cruzarían límites como el de querer matar a una hermana.

Hace dos años mi tío apuñaló a mi tía. Y no, no es su marido ni su expareja, es su hermano. Ambos son hermanos de mi madre. Este hecho me destrozó entera, es algo que me ha marcado tanto que no he vuelto a ser la misma desde que sucedió. Habéis leído en páginas anteriores que desde siempre he presenciado momentos traumáticos, pero ninguno de ellos me ha marcado tanto como lo de mi tía. He llegado a la conclusión de que, al haberlo presenciado como adulta, con la responsabilidad y la conciencia de luchar contra esta injusticia, lo he sufrido muchísimo más.

Cuando era niña y sucedía algún hecho como este, yo lloraba, pero no podía hacer nada.

Sin embargo, este último episodio lo he vivido con la carga emocional de una persona adulta. He sufrido la presión familiar por ayudar a mi tía y el rechazo del sistema al tratarse de violencia intrafamiliar.

Para poneros en contexto, mis tíos —hermano y hermana— vivían juntos. Mi tío tiene resquicios de esquizofrenia. No sé hasta qué punto es él, la enfermedad o la coca y los porros que se fuma, porque la combinación es apoteósica. Si tienes una enfermedad mental, meterte droga en el cuerpo no creo que sea lo más idóneo. Para mantener sus vicios, solía robar dinero o lo que estaba a su alcance siempre que podía; además, para comer es un bestia —se puede comer tranquilamente una olla de macarrones—. Con esto no estoy diciendo que mi tía tenga el cielo ganado, tampoco es fácil convivir con ella, tiene un trastorno adaptativo mixto. Sin embargo, a ella todo el mundo siempre la ha tachado de «loca» y a él, de «santín», lo cual es tremendamente injusto, y por eso la defiendo a ella y vengo a desmontar esto.

Sabiendo esto, podréis imaginar que la convivencia era horrorosa. Pues sumadle el agravante de no tener dinero; todavía peor. Apenas tenían para comer porque ninguno de los dos tenía una pensión ni trabajaba. Mi tía solía encargarse de ir a la cocina económica para traer comida a casa, como si fuera su deber por ser mujer y tuviera que cuidar a su hermano, un hombre de cincuenta y cuatro años con pelos en los huevos. El rol de «cuidadora» está interiorizado en mi familia. Mi tía Soco cuida de su marido y de su hermano, como si fuera su deber. Y mi madre siempre me ha dado mucha más responsabilidad a mí que a mi hermano; de hecho, siempre lo ha sobreprotegido.

Continuando con el tema de mi tía, llegó un punto en que se cansó de que mi tío se comiera todo y no le dejara nada a ella. Así que, un día, decidió ir a la cocina económica, pero ya no traerle nada a él. Si quería comer, que hiciera como ella y fuera a la cocina económica.

Con el paso de los días, me imagino que mi tío estaría más irascible y la tensión se fue acumulando en ese piso. El día del apuñalamiento discutieron y mi tío empezó a apuñarla. Antes le quitó el móvil y las llaves, para que no pudiera salir. Quería matarla. Diez puñaladas en la cabeza y el cuello. Tuvo que ser operada para cerrarle el cráneo y también ha perdido la visión de un ojo, pues una de las puñaladas le tocó el nervio óptico. Estas líneas son especialmente duras para mí; estoy haciendo un sobresfuerzo para alzar su voz, pero imaginaos la escena. Durante los cuatro meses siguientes al apuñalamiento, no podía parar de recrear en mi mente el sonido del cuchillo entrando en la cabeza y de ver imágenes de sangre.

Mi tía me contó que el día del apuñalamiento notó a mi tío «ido» y que no paraba de buscar una herramienta después de haberla apuñalado. Creo que era una maza; quería rematarla. La escena habría inspirado al mismísimo Herschell Gordon Lewis. En un momento de lucidez, mi tía, sentada en la cama de su habitación, con un charco de sangre a sus pies, después de haber sido apuñalada por toda la frente y cabeza, le dijo a mi tío que la dejara morir tranquila.

Me comentó que mi tío se quedó ahí mirando, como si quisiera verla morir. No sé en qué estado estaría, quizá estaba en un estado de psicosis. En cualquier caso, es injustificable y espero que esté en la cárcel o en un centro psiquiátrico el tiempo que tenga que estar. Aunque, conociendo la reacción cómplice que tuvieron familiares y vecinos de ese barrio ante este acontecimiento, no es el único que lo merece.

Siguiendo con la historia, mi tía se levantó como pudo y, ¡ojo!, empezó a quitar los tornillos de la cerradura para salir —acordaos de que no tenía llaves porque mi tío se las había quitado—. Esto me parece increíble, se me ponen los pelos de punta. Fue apoyándose como pudo por las paredes blancas del piso; la escena fue dantesca. Aún me quedo sin respiración al recordar el momento en que tuve que entrar en ese piso. Consiguió salir y fue a casa de unos vecinos a pedir ayuda. Estos vecinos, aunque posteriormente sí que preguntaron por su estado, en aquel momento, al verla sangrar, le cerraron la puerta. Por supuesto que no es plato de buen gusto que alguien venga ensangrentado a pedirte ayuda; pero, si nos paramos a pensarlo fríamente, al igual que mi tía, cualquiera podría verse en esa situación de la noche a la mañana: vuestra hermana, abuela, primo, vecina... Y, en situaciones como esta, el que te abran la puerta o no puede significar la diferencia entre la vida y la muerte.

Mi tía, al ver esto, tuvo que ir a casa de su otro hermano —el machista— a pedir ayuda. Allí nadie llamó a la policía ni a una ambulancia. Mi tío el machista tuvo «el detalle» de llevarla al hospital, pero no sin antes culpabilizarla por lo sucedido con comentarios tales como «siempre la estás liando» o «seguro que le has tocado los cojones». No contento con eso, nos llevó a mi madre y a mí a urgencias para que fuéramos con mi tía y estuvo mofándose durante el trayecto, diciendo: «Con la de puñaladas que le ha pegado y no la ha matado». De verdad, no tengo nada que ver con esta gente. Y estos comentarios me hacían mucho daño.

Cargar con la responsabilidad de mi tía, sabiendo que esta gente se jactaba de lo sucedido, la culpabilizaba y demás, me hacía sufrir muchísimo. Llegué a pensar en suicidarme. Podéis ver que la desprotección de las víctimas y la ausencia de apoyo a estas por parte del sistema son patentes. Una desprotección que mata. Si el sistema no protegía a mi tía —casi asesinada—, a mí, muchísimo menos, porque, al final, yo era un apoyo de mi tía, la víctima en primer grado. Sin el apoyo de nuestra familia —que fueron gran parte del problema— y ante la desesperación, quisimos suicidarnos. En el trastero de mi piso, mi tía y yo tuvimos una conversación en la que, llorando, mi tía me dijo: «Nena, quisiera quitarme del medio para que no sufras. Ya ves cómo funciona el sistema, no nos quiere. Y yo no quiero que sigas sufriendo y desviviéndote por mí».

¿No creéis que estas situaciones podrían evitarse? Es agotador y desgarrador sufrir todo esto. Parece que al sistema le pareció poco que mi tía recibiera diez puñaladas en la cabeza y dos en el cuello. Me encantaría que vieran el cuchillo ensangrentado, las paredes llenas de sangre, a mi tía con un ataque de ansiedad mientras le cosían la cabeza, etc. Para que vieran con sus propios ojos lo que es pasar por todo esto. Es muy «fácil» ver por redes sociales o por la televisión historias ajenas, pero, si no lo vives de cerca, parece que simplemente somos números. Y, ojo, no digo que si vemos por el telediario historias como estas no nos duela o no se nos encoja el corazón, lo que digo es que, para el sistema, que es quien nos tiene que proteger, solo somos un número más. Y por eso las leyes tienen que cambiar.

Muchos asesinatos y suicidios se pueden prevenir. ¡SISTEMA, ESCÚCHANOS Y TEN PIEDAD! Te necesitamos. Si cambias, tú puedes ayudarnos. Actualmente, mi tía tiene miedo del momento en que mi tío salga de la cárcel. Y pánico a encontrarse con cualquiera que la increpe, porque tras el apuñalamiento salieron las ratas de la cloaca a juzgar a mi tía. Sí, a mi tía. Repito, a mi tía. Tócate los huevos, Manolete. Te apuñalan, te dejan como un colador, sobrevives y tienes que escuchar a gente criticarte.

Voy a seguir contándoos lo que sucedió aquel día.

Es muy importante crear una red de apoyos para buscar soluciones. Cuando sucedió el apuñalamiento, empecé a sentir una adrenalina que me subía por el cuerpo y me hacía moverme de manera inconsciente. Fui yo la que tuvo que intentar tranquilizar a mi tía en urgencias cuando la estaban cosiendo y estaba en mitad de un ataque de ansiedad y, además, la que tuvo que llamar a la policía para contar lo sucedido. Mi madre no quería que llamáramos a la policía para no meternos en líos, pero al final le dije que lo que había pasado era algo supergrave y que ya no podíamos seguir pasando por alto estos capítulos.

Al final llamamos, y yo, con la tranquilidad que pude, fui narrando lo sucedido a emergencias. La ansiedad me vino después, pero en ese momento reaccioné. Fue duro para mí llamar a la policía, porque mi tío es una persona que también está enferma mentalmente y con él he pasado muchas noches hablando de la vida. Y me duele. Me dolía tomar esa decisión sabiendo que lo iban a llevar a la cárcel, pero creo que hice lo correcto. No es culpa mía. No, no y no. También os digo que el sistema puede prevenir estas cosas. Si mi tío estuviera con un seguimiento, por lo menos estaría más controlado. Pero, claro, es más fácil anestesiarnos con impuestos y pastillas. Y dividirnos, para que no nos rebelemos.

Como os iba diciendo, la noche que estuve en urgencias con mi madre, preocupándonos por el estado de mi tía, fue durísimo verla con la cara desencajada, gritando de ansiedad, con cicatrices por toda la cabeza y parte de la cara y cuello. Durante un momento, me derrumbé grabando un audio sobre lo sucedido a mi amiga Kily Lloraba porque el séquito de emociones y reacciones que llevaba encima más el *shock* de ver a mi tía así fue algo muy fuerte. Y lo peor de todo fue, como os he dicho, la defensa a mi tío por parte de ciertos miembros de la «familia» y del barrio.

Además, no paraba de pensar en la perra de mi tía, la cual había presenciado todo, no se podía mover y seguía en el piso rodeada de sangre y con una ansiedad que ni me puedo llegar a imaginar. Así que, una vez más, movida por la empatía y el amor, fui de noche a sacarla de ahí. Tuve que llamar a mi hermano porque me daba miedo ir sola. En aquel momento, no sabíamos si la policía había detenido o no a mi tío, y jamás se me olvidará la tensión de pensar si mi tío podía estar en el piso donde estaba la perra, en estado de psicosis o vete tú a saber cómo.

Lo primero que nos encontramos fue sangre, bastante, por toda la escalera del portal. Al final, al no escuchar nada, decidimos entrar, pero no sin miedo. Las imágenes jamás se me borrarán de la cabeza: sangre por la colcha, por el suelo, por las paredes, incluso rastros de la mano de mi tía por la pared para salir del piso. Tuve que buscar entre todo ese tumulto las llaves y el móvil. También recuerdo el olor a sangre. Creo que ni la casa de la familia Addams daba tanto miedo como la escena que os acabo de describir. Entre la tensión por todo, la sangre por todos lados, la incertidumbre por si había alguien dentro y siendo de noche, lo pasé mal. Lo importante es que allí estaba la pobre perrina, viva, y nos la llevamos de ahí.

Sacar a esta perrita de ahí me supuso un quebradero de cabeza y un sufrimiento extra, pero era la única persona que podía hacer algo por ella. Pude ponerme en contacto con una protectora de animales que, en un primer momento, no dudó en ayudarme. Pero todo se complicó cuando descubrí que mi tía tenía una especie de «custodia compartida», pues la propietaria legal de la mascota era una amiga suya que, a pesar de haberse hecho cargo del gasto de los tratamientos de la perra —cosa que le agradezco—, tampoco es que estuviese en sus plenos cabales. Esto complicó mucho el proceso, empezando porque esta señora veía como única solución viable sacrificar a la perra. Dadas las circunstancias, os podréis imaginar lo que supuso esto para mí. Mi tía estaba viva de milagro, pero la muerte no dejaba de rondar a mi alrededor.

Sufrí mucho por culpa de esta persona: no se quería hacer cargo del animal ni dejaba que otra familia o la propia protectora le diesen una vida mejor. Ahora que lo pienso, ella fue la más perra de esta historia: la perra del hortelano, que ni come ni deja comer. No tuve más remedio que contarles toda la situación a los encargados de la protectora que, más allá de ser comprensivos, pensaron que les estaba mintiendo y había robado a la perra. ¡Lo que me faltaba! Sé que para alguien que se encuentra ajeno a todo esto puede parecer una historia digna de Óscar a mejor drama —no sé si existe esa categoría—, pero la realidad es que yo estaba ya al límite y la carga adicional que supuso tener que lidiar con esto fue la gota que casi colmó el vaso. Por suerte, todo salió bien, a la perra la adoptó una familia y ahora es feliz. Ahora pienso que todo ese esfuerzo y sacrificio mereció la pena, pues al menos ella ha podido salir de aquí.

Nunca me había enfrentado a algo así como persona adulta y sentía la responsabilidad de hacer algo al respecto. La putada es que fui la única que sintió esta responsabilidad en mi familia. De ahí el sufrimiento que tuve que padecer durante meses, buscando alternativas para darle a mi tía una vida mejor.

Empecé a tejer una red de apoyos y de información para saber cómo actuar y cómo luchar por mejorar la vida de mi tía. Cargué con algo tan fuerte como que mi tío intentó matarla, mi familia no hizo absolutamente nada y que no había ni un atisbo de humanidad. Es más, los comentarios de mi tío el machista, en parte, también eran puñaladas, psicológicas, pero también puñaladas al corazón. Y ante esa indiferencia me vi yo, sola, teniendo que cargar con todo —como habría hecho cualquiera con un mínimo de empatía—. En esos momentos de miedo y desesperación, en que mi cerebro estaba frito por no poder dormir por las noches, la frente me ardía del estrés y mis ojos buscaban un poco de humanidad tras no poder parar de llorar cuando llegaba a mi cuarto y me encerraba, agradecí enormemente que ciertas personas a las que pedí ayuda me echaran una mano en la toma de decisiones, porque yo estaba agotada y necesitaba repartir esa carga que me estaba aplastando. Mi amiga Carmen me liberó enormemente.

A mi tía la apuñaló mi tío un lunes, el miércoles la operaron del cráneo —porque las puñaladas le habían abierto el cráneo— y el viernes había una señora que era asistente social y otra señora que era trabajadora social diciéndonos que ellas no veían ningún riesgo en que mi tía volviera al barrio. En ese momento, se me cambió la cara completamente, empecé a ponerme blanca e incluso una de ellas me preguntó si me encontraba bien. Fui sincera y les dije que estaba alucinando. ¿Cómo era posible que la hicieran volver al barrio de donde casi sale en una caja de pino? La respuesta que me dieron fue que, como el agresor estaba en la cárcel, no veían ningún riesgo de que sucediera algo. ¡Claro que no! Cómo se nota que ellas no han vivido toda la vida ahí ni conocen a todos los residentes… No digo que todos sean asesinos, pero sí que son cómplices del machismo que va desde la reproducción de conductas de ese tipo, pasando por el silencio y la indiferencia que se producen cuando presencian acontecimientos como el de mi tía, hasta los comentarios de mi otro tío —mofándose de lo ocurrido—.

Llegué a discutir con otra asistente social cuando me dijo que tenía mucho trabajo y que así estaba la ley. «Señora, llevo tres días sin dormir, tengo miedo. Mi tía puede salir en una caja de pino. Una cosa es que no puedas hacer nada y otra que me despaches sin ninguna empatía, olvidando que somos dos personas sufriendo una situación bastante dramática». Yo no podía dormir del miedo que tenía por esa incertidumbre y por las imágenes de sangre que mi cabeza no paraba de repetir. Y el miedo más grande fue el que sentí al pensar que le podía pasar algo a mi tía, teniendo en cuenta el contexto donde iba a volver a vivir. Incluso os confieso una cosa: durante varios meses, no podía ver cuchillos. Mi mente recreaba todo. Incluso me imaginaba el sonido del cuchillo entrando en la cabeza.

El mismo viernes, cuando tuvimos que ir al barrio, los vecinos de enfrente estuvieron como marujas detrás de la mirilla de la puerta, esperando a que saliéramos del piso. Y mirad la joyita que soltaron: «Recoged la sangre del portal». Un comentario que refleja su alma podrida. Mi reacción fue decir que nos dejaran en paz, que ya habían visto lo que había pasado y que solo pedía un poquito de humanidad. Pero, claro, no se le pueden pedir peras al olmo. Al ver mi reacción, todavía tuvieron la poca vergüenza de decirme que me estaba confundiendo. ¿Perdón? Mirad que no defiendo la violencia para nada, pero, en ese momento, me hubiera encantado tener a alguien de confianza que les partiera la cara.

Esta gente mala vive a sus anchas, son intocables. Y lo peor de todo no fue esto, sino que, además, el marido de la mujer que me dijo que recogiéramos la sangre nos amenazó diciéndonos que ya hablaría con mi tío el machista. A mí se me iba a salir el corazón por el pecho. Si ya de por sí no quería que mi tía volviera al barrio, imaginaos que encima tuviéramos ese recibimiento. Tuve que llamar a mi tío el machista por teléfono para explicarle lo sucedido, porque solo quedaba que volvieran a culpar a mi tía de algo sin sentido o que la agredieran.

Me hubiera gustado tener una buena familia, una que nos defendiera en estos casos. Pero mi tío el machista les dio la razón a estos vecinos diciendo que tenían razón en que mi tía tenía que limpiar su propia sangre. Dios mío. Aquí se me están cayendo las lágrimas. Estoy reviviendo las conversaciones y la impotencia que sentí ese día. El mundo sería un lugar muchísimo mejor y viviríamos en paz si no existieran las malas personas.

Estos comentarios reflejan almas podridas y machistas. Estoy segura de que, si el agredido hubiera sido un hombre, estos vecinos no hubieran tenido los cojones de salir a decir esa barbaridad. Ese viernes, por la noche, mi tía se tuvo que empastillar y durmió rodeada de su propia sangre como pudo, temblando. Yo no pude dormir, tenía un miedo enorme, pensando que yo estaba en mi casa y mi tía en un barrio donde casi la matan. Mi mente no podía descansar. Después de darle vueltas a la cabeza, se me iluminó la bombilla y a las siete de la mañana envié un mensaje de WhatsApp a mi amiga Carmen contándole la situación de mi tía.

Aquí viene cuando, momentáneamente, mi amiga Carmen me salvó la vida y sobre todo la de mi tía. Llamó al 016 —no se me había pasado por la cabeza llamar a ese número— y, literalmente, en una hora un taxi recogió a mi tía y se la llevaron al centro de mujeres víctimas de violencia de género. Rápido y fácil.

En un primer momento, Carmen les dijo que mi tía fue apuñalada por su pareja; no sabía que había sido el hermano de mi tía, por lo que, en cuestión de una hora, ya os digo que mi tía y yo habíamos recogido en una mochila lo básico y nos habíamos ido de aquel barrio. «Adiós, mundo cruel». Esa fue la frase que dijo mi tía cuando salimos del barrio sin hacer ruido.

¿Cuál fue el problema? Que aquella asociación acabó echando a mi tía porque no era considerada víctima de violencia de género. ¿Y sabéis a dónde tuvo que volver mi tía después de un mes? Al barrio, efectivamente. Y aquí viene mi denuncia: ¿acaso duele más que las puñaladas vengan de tu pareja o expareja que de un hermano, primo, amigo o desconocido? Tanto mi tía como cualquier persona deben ser amparadas en estas situaciones.

Me encuentro con el rechazo de la familia y el rechazo del sistema. Al haberla apuñalado mi tío, es decir, su hermano, no es considerado violencia de género, sino violencia intrafamiliar. Y aquí es donde viene el problema: no existe ninguna organización para amparar a víctimas de este tipo de violencia. A mi tía le hicieron «un favor» acogiéndola tres semanas en una asociación específica para mujeres víctimas de violencia de género. Le dijeron que se podía quedar hasta que hubiera una solución y que la iban a ayudar, peeeeeero, ¡tacháááán!, no la ayudaron a buscar ninguna alternativa y encima la acabaron echando. Y aquí, de nuevo, la única esperanza que le quedaba a mi tía era mi responsabilidad y mi acción.

Estuve llamando a la asistente social y a Servicios Sociales. Todos me dijeron que ya habían hecho todo lo posible y que ahora era cuestión de esperar. ¿¿¿¡¡¡¡ESPERAR!!!??? Aquí se ve que ellos y ellas se van a sus casas tan tranquilos y que sus vidas no corren ningún riesgo. Yo no paraba de advertirles que había vivido en ese barrio conflictivo durante catorce años y que conocía perfectamente a la gente, indicándoles que había riesgo de que mi tía acabara mal porque es gente violenta y que no razona.

La espera es lo que acaba matando a las víctimas porque, según nuestra experiencia, si hubieran querido, a mi tía la hubieran matado. El sistema te empuja de nuevo hacia el contexto de maltrato del que estás intentando salir. El sistema está tan burocratizado que es totalmente ajeno a la realidad. Solo entiende de protocolos y de clasificaciones preestablecidas. Sin ir más lejos, en el momento en el que se dan cuenta de que el caso de mi tía no es violencia de género, sino violencia intrafamiliar, «cortocircuitan» y no son capaces de dar una solución simplemente porque no es un caso que encaje en la clasificación que se ha hecho.

El sistema está para responder a los problemas sociales, es decir, es el sistema el que se tiene que adaptar a la realidad social y no al revés. No puede ser que el apuñalamiento de mi tía sea «menos válido» o tenga menos gravedad porque lo haya cometido su hermano. Aquí viene de nuevo mi denuncia: el sistema es el que tiene que hacerse cargo y no yo, una chica de «veintipico» años con un contexto familiar desfavorable. No soy Superwoman ni puedo ir rescatando a personas en situaciones como la de mi tía. Qué menos que, ya que nos ha tocado una mierda de familia, por lo menos el sistema nos ayude, ¿no?

Mi tía ha estado viviendo peor que el que está en la cárcel. No ha tenido luz —su querido hermano machista le cortó la luz cuando mi tío entró en la cárcel y durante un año y medio mi tía estuvo sin luz ni agua caliente— ni el respaldo de la familia ni el del sistema. Ha estado sin cobrar ninguna renta básica durante muchos meses, por lo menos diez. Es una mujer de sesenta y tres años, así que, entre su enfermedad mental, la edad y los traumas que tiene en la cabeza, es complicado que pueda empezar en un trabajo. Y ha tenido que estar aguantando ciertos comportamientos como ver cómo algunos de sus hermanos se van a ver a mi tío a la cárcel mientras que a ella no le han preguntado ni un «¿qué tal estás?». A mí esto me desespera.

Durante estos meses en los que me comí todos estos marrones —incluido el de buscar una familia de acogida a la perra de mi tía—, me dieron ganas de tirarme por la ventana. Lloraba sola porque no podía desahogarme con nadie. Sí que tengo amigos y amigas, pero mi cabeza iba a tres mil kilómetros por hora. Necesitaba soluciones.

Sus vidas están en riesgo, y no, no pueden esperar meses a que el Estado los provea de alguna ayuda económica mientras viven en los lugares donde sus vidas están corriendo peligro. Durante esos meses de desesperación, entendí por qué hay tantos asesinatos en nuestro país. Nos dejan vendidas, no tenemos ninguna salida. Incluso en los albergues echan a la gente a los cuatro días, aunque sepan que esas personas van a vivir en la calle. ¿Pero en qué mierda de sociedad vivimos? Todo esto lo he aprendido después de esta desgracia.

No tenía ni idea de que las cosas funcionaban así. Si los recursos destinados a atajar los problemas sociales se gestionasen de forma distinta, prestando más atención a la situación real de estas personas, en casos como los de la gente que duerme en la calle, se empezaría por proporcionarles un lugar digno donde poder dormir bajo un techo, como mínimo. Es surrealista que a día de hoy haya gente durmiendo en la calle. Mucho protocolo, pero la problemática social sigue ahí; se ha normalizado que haya gente viviendo en la calle y no se dan soluciones reales a esas personas.

Por lo menos existen las cocinas económicas, donde pueden llevarse algo caliente a la boca. La vida da muchas vueltas y nunca sabes si el día de mañana vas a necesitar tú ayuda. Y esto no debería ser ni algo extraordinario ni algo utópico, debería ser una realidad del día a día.

Durante todos los meses que ayudé sola a mi tía, sufrimos la falta de apoyo del sistema, la excesiva burocracia, la deshumanización de los casos de maltrato —no somos números, somos personas con ansiedad, miedo y angustia sufriendo en el día a día por lo que pueda ocurrir— y, encima, algo que también hace especialmente duro el camino, que te rechace tu propia familia. Yo ahora lo llevo bien, pero mi tía tiene una enfermedad mental y siempre demanda el cariño de la familia. Le duele. Yo siempre le he dicho que la familia es la gente que nos quiere y nos protege y que eso no lo trae la sangre. Podemos encontrar familia en gente ajena a nuestro ADN.

Pero repito, si es difícil encajar esto sin tener ninguna enfermedad mental, con una enfermedad mental, entiendo que gestionarlo es muy complicado. El sistema le ha fallado, porque, si le hubieran dado un sitio donde vivir, incluso con otras personas bajo una tutela, su vida hubiera cambiado y podría haber vivido la última etapa de su vida en paz.

El problema es ese, que tuvo que seguir lidiando en un barrio conflictivo, con su enfermedad mental y con la gente que no la entiende ni hace un esfuerzo por entenderla. Entiendo que la convivencia con una persona que tiene un trastorno mental no tiene que ser fácil, pero una cosa es eso y otra que los vecinos sean malas personas, porque ya os digo yo que lo son, y prueba de ello son los comentarios que emitieron.

Otra de las cosas nada placenteras en los momentos siguientes al apuñalamiento fueron los interrogatorios de la gente que se iba enterando de lo que había pasado. Paseando por mi pueblo, la gente venía a preguntarme por lo sucedido y sobre todo por mi tío. Yo ahí fui tajante, les dije que estaba en la cárcel y que, si querían saber algo de él, ya sabían el camino. Y que, además, no me volvieran a preguntar por él ni por lo sucedido porque lo estaba pasando mal y no me apetecía recordarlo. Entiendo que, si eres una persona con un mínimo de corazón, te intereses por el estado de mi tía, pero algo de lo que la gente se olvida es del daño que pueden causarnos al hacernos revivir todo eso de nuevo. Son temas delicados.

Bastante esfuerzo mental tenía que hacer en ese momento para no pensar cada minuto en el tema de mi tía como para que la gente me preguntara por el morbo o por simple curiosidad. Y, encima, algunas de esas personas osaban juzgar a mi tía. Personas ignorantes, cotillas, gente con el alma tan vacía que se creía con el derecho a opinar de la vida del resto. Casualmente, estas son las personas que más tienen que callar. Sin embargo, para hablar de la vida de otros, ahí están, creyéndose con el poder de comentar y criticar vidas ajenas.

Y esto no se queda aquí, un día iba con mi primo paseando y, de repente, me encontré con la típica mujer cotilla que, no solo se atrevió a tocarme el tema de mi tía, sino que encima defendía a mi tío. Pero además lo justificaba y todo. Me dijo: «Pero, a ver, seguro que le tocó los cojones a tu tío, ¿no?». Yo me quedé en *shock*, en plan, ¿perdona? ¡Claro, le tocó los cojones y entonces él tenía todo el derecho a matarla! Os juro que cada día se me viene más a la cabeza el dicho de «donde no hay mata, no hay patata». Mi primo alucinó y entendió por qué no me gustaba pasear por la zona donde me conocen todos.

Mi respuesta a esta mujer fue: «Pues nada, el próximo día me paso yo con una navaja y descargo mi ira, que me estáis tocando los cojones». O sea, de verdad, quién narices se piensa que es esta gente para venir donde estoy, sin tener ni idea de lo que estoy sufriendo, con su «marujeo» a tocarme el tema y a defender a mi tío. No voy a decir que ojalá a esta gente le sucediera lo mismo, simplemente voy a dejar en las manos del karma todo el bien y el mal que le tenga que llegar a cada uno en base a sus acciones y a su alma.

Al final, toda la quema de neuronas que tuve para ayudar no sirvió para nada, porque nadie nos ayudó y mi tía tuvo que volver al barrio conflictivo. Es una tortura vivir con miedo constante a que pase algo malo. Miedo a tanta violencia. Duele. Por eso quiero irme lejos de gente así.

La vida no deja de avanzar; las que seguimos en aquel apuñalamiento somos nosotras, mi tía Milagros y yo. Recuerdo un día que me encontré con ella y le pregunté qué tal estaba.

—En el infierno… Qué te voy a contar, hija.

Sus palabras son dardos a mi corazón, porque sigo siendo la única persona de la familia a la que le preocupa mi tía Milagros. Si ya es horrible que tu hermano te apuñale diez veces en la cabeza y dos en el cuello, imaginaos lo que es que todo el entorno te rechace, no te hable, te culpe y tener que vivir en unas condiciones deplorables porque nadie te ayuda. Mi tía Milagros vivió sin luz, sin agua caliente y teniendo que tomar lexatines para poder dormir, en esa casa, que casi es su tumba, durante un año y medio después del apuñalamiento.

Este libro nació también con el objetivo de cambiar la ley de violencia intrafamiliar para que todas las víctimas sean amparadas. Yo le decía a mi tía que intentara ahorrar para irse del barrio conflictivo, pero ¿creéis que mi tía puede convivir en un piso con cualquiera? Os recuerdo que según el informe médico tiene un trastorno adaptativo mixto. Por lo tanto, no es solución que el Estado la dé un dinero, porque no se sabe gestionar y, además, tendría problemas de convivencia si no es con una persona tranquila y con empatía.

Por eso, durante más de un año estuve intranquila, porque veía en mi tía la impotencia de querer salir y no poder, de vivir con miedo a que declararan a mi tío insolvente y saliera de la cárcel o a ese día en que, finalmente, salga. Y ya no os hablo del miedo que tenía cada día a que le pudiera ocurrir algo a mi tía, teniendo en cuenta que no estamos respaldadas por ningún miembro de la familia y que vivía con vecinos —algunos, familiares— que a la mínima saltaban.

No se puede vivir así. Las leyes tienen que acercarse a estas realidades y defendernos. Hay muchísima gente que sigue viviendo donde sucedieron los hechos, y convivir en el mismo barrio con la gente hija de su madre que hace tanto daño con sus amenazas, acciones y demás no ayuda a pasar página. En nuestra historia, hay que pasar muchas páginas. Una vez escuché que a la Tierra venimos a traumatizarnos y a destraumatizarnos; fue una frase que me hizo reflexionar.

Como os dije, yo he venido a romper patrones, pero necesito vuestra ayuda para ejecutar esta revolución y que las y los de arriba nos amparen. Hay muchas vidas como la de mi tía, en riesgo, y hay que hacerse eco.

Mientras llega ese día, intento hacer de vez en cuando terapia con mi tía. Sí, yo, porque si tenemos que esperar a que el sistema de salud nos ponga a un o una psicóloga... Ahora me lo puedo permitir, pero, antes de tener dinero, me dieron una cita cada mes y cada sesión duraba media hora. Me llegaron a citar tras ocho meses sin recibir ninguna ayuda psicológica profesional. ¡Ocho meses! El sistema prefiere que nos suicidemos a que nos curemos. Voy trabajando la terapia gracias a mi psicóloga, Mercedes, a mi tía Milagros, a los paseos con mi madre y sus amigas, a mi resiliencia, a las meditaciones, a Lego, a escribir este libro, a hablar con mis amigos y amigas, a pasear, a viajar a Galicia, a escuchar música y fluir con mi mente a otro lugar, a jugar al fútbol...

Cuando mi tía vivía en el barrio conflictivo, se me ocurrió ir con mi tía a tomar algún café, ver juntas una peli, viajar en tren, invitarla a casa para que comiera y se duchara con agua caliente... Esos momentos también conseguía que saliera de ese barrio de mierda y estuviera fuera de peligro. Aunque no lo he tenido fácil. Siempre he sentido que tengo la función de mediadora, incluso desde niña. Una vez estallé porque mi madre tenía un machismo interiorizado —junto con mis tíos y mi tía Socorro— que les hacía odiar a mi tía —tachándola de loca— y perdonar lo imperdonable a mi abuelo y al resto de mis tíos. Mi conclusión es que mi tía siempre ha sido una mujer rebelde y, en esa época, una mujer de este tipo no estaba bien vista. Sin embargo, los hombres de mi «familia» han tenido barra libre para violar, quemarnos la casa, maltratar animales, tener actitudes machistas, pegar, apuñalar, endeudarnos, insultar, etc. Y aquí paz y después gloria. Oye, ningún problema, ¿eh? Parece que les dijeron: «Vosotros haced lo que queráis, que aquí estamos las subnormàles de turno para perdonaros». Y no puede ser.

Los patrones se rompen plantando cara. Como os iba diciendo, un día estallé con mi madre. Invité a mi tía a que viniera a nuestra casa para que la pobre comiera algo caliente y que pudiera cargar los dispositivos que tenía —en aquel entonces no tenía ni luz ni agua caliente porque era esa época en que seguía viviendo en el barrio conflictivo—. Durante el tiempo que vino mi tía a casa, vi cómo mi madre la ignoraba, le contestaba mal e incluso subía el volumen de la televisión. Yo intentaba crear un ambiente más sano. Cuando se fue mi tía, me fui a mi habitación a llorar. De repente, sonó el timbre —era mi tía, que se le había olvidado una cosa— y mi madre dijo: «Joder, pesada de los cojones».

Aquí ya estallé, me levanté de la cama y fui hacia el salón. No fui yo quien le habló, sino mi corazón dolorido. Le dije que no podía tolerar más faltas de respeto y menos de ella, después de todas las «putadas» que había recibido de toda su familia. La impotencia hizo que me pusiera a llorar mientras le decía:

—Se os tendría que caer la cara de vergüenza a todos y en especial a ti. Llevo sufriendo todo este tiempo por culpa de ver el mal trato que la estáis dando, cuando esta pobre mujer solo quiere cariño y casi es asesinada.

—¿Ves cómo te pones? Cuando viene ella, te alteras —me dijo mi madre.

—¿¿Que qué?? Me alteró al ver que la tratas fatal.

—Si te montara los cristos que nos ha montado, entonces entenderías por qué la trato así.

Os juro que no cabía en el asombro. Aquí ya estallé del todo, cogí la foto de mi abuelo y se la puse delante.

—Este hijo de puta te maltrató, te violó, nos quemó la casa, maltrató y violó a animales y lo estuviste cuidando hasta su último día de vida. ¿Me vas a comparar que una mujer con un trastorno adaptativo mixto te haya montado alguna vez alguna discusión con todo eso? Y espera, tus queridos hermanos —a los que le falta tiempo para llamar y estar con ellos si hace falta— nos quitaron la casa donde vivíamos, te endeudaron, apuñalaron, maltrataron y más cosas que ni sabré. ¿En serio me estás diciendo que todo esto es equiparable a lo que te ha hecho tu hermana? La estás midiendo con otro rasero y es muy injusto.

Yo me quedé a gusto y mi madre no me dijo nada. Otra de las cosas que le dije a mi madre fue que, si la trataran bien, yo no sufriría y que la carga que llevaba era por ver cómo rechazaban y maltrataban a mi tía. Aquí fui tajante. No iba a permitir que mi tía tuviera que aguantar esto con lo que ya tenía. Ni de coña. Y qué menos que pudiera acceder a una ducha caliente y a un plato caliente. Estar juntas nos venía bien y yo sentía que la protegía al alejarla del barrio conflictivo. Además, nos servía de terapia.

Aunque no os voy a negar que a veces ir en transporte público con mi tía me da un poco de vergüenza por los comentarios que a veces suelta. Uno de ellos fue un día que íbamos en el tren y, de repente, hablando de la madre de mi padre, me dice: «¿Tú la conociste con los implantes del pecho? Yo sí». Yo no sabía dónde meterme, porque, si fuéramos solas, me daría igual, pero hablar de estos temas con gente alrededor me da vergüenza. Además, mi tía debería saber que yo no tuve relación con la madre de mi padre; es que no me acuerdo ni de su voz ni de su cara. Quizá la última vez que me llevó mi padre a verla fue cuando yo tenía cuatro años —un año después fue la última vez que lo vi yo a él; tampoco hubo mucho margen de relación—.

Y volviendo al tema de mi tía, independientemente de los comentarios que tenga a veces —fruto de su enfermedad mental—, seguiré intentando quedar con ella y pasar tiempo juntas para que ella se sienta mejor.

Ella me ha ayudado también a sanar e incluso a vencer algún miedo. Fruto de la vida que he tenido, soy muy insegura para muchas cosas y tengo miedos irracionales. Uno de ellos, por ejemplo, era viajar sola en tren. Sin ningún sentido, lo sé. Pero era una persona que necesitaba ir con alguien para ir tranquila. Ahora, gracias a mi tía Milagros, he conseguido vencer este miedo. Mi primo, al explicarle estos miedos, cree que todo viene de que llevo toda la vida saltando obstáculos —bastante fuertes— y que a veces la inseguridad y los miedos se manifiestan a través de estas acciones.

Supongo que todo tiene un por qué y que, por supuesto, nuestra infancia nos marca para siempre, aunque luego trabajemos en nosotras y nosotros para ser más felices que el escenario donde nacimos —«venir a traumatizarnos y a destraumatizarnos»—.

Hay que luchar, tenemos que ser nuestra propia luz. El arte de manifestar nos acerca a la realidad donde queremos vivir.

La espiritualidad es algo que me ha dado esperanza para seguir aquí. Mis amigas Marta y Julia me han ayudado con este mundo y me han ido explicando cosas como el uso del palo santo, meditaciones, vidas pasadas y demás cuestiones que se me han ido ocurriendo. Un día leí que la vida que elegimos antes de nacer puede ser de «vacación» o una vida donde vayas a aprender lecciones. En la de vacación tienes una vida mucho más tranquila, quizá porque en la anterior vida elegiste una vida más dura y en esta prefieres una más de disfrute. Yo ya he pedido número para que, en la siguiente vida, san Pedro me ponga a tomar el sol en las islas Maldivas y que mi única preocupación sea no tostarme al sol. Me lo merezco, y todas las víctimas también.

Ahora bien, os juro que en esta voy a luchar como nadie para cambiar las leyes y que existan unas que sean racionales. Unas donde, si te apuñala tu padre, hermano, prima, amigo, vecina, etc., y te tienes que ir de casa por seguridad, el Estado te proteja. Os recuerdo que este libro no se hubiera acabado si me hubiera suicidado, y, si no me he suicidado, no ha sido por el sistema.

El sistema desespera y mata. No podemos dejar que las víctimas sigan viviendo con miedo, cerca de sus maltratadores, cerca del machismo en que las culpan. No se puede.

Y hablando de machismo, siempre me he referido a uno de mis tíos con el apodo de «mi tío el machista», pero me he dado cuenta, a través de otras reacciones, de que el machismo también está instaurado en mi madre, mi tía Soco y, bueno, en las vecinas, aunque, evidentemente, esas me las paso por el arco del triunfo.

Y luego también, a quienes no paraban de hacerme un interrogatorio —a los catalogados como cotillas— les contestaba con monosílabos, y cuando se mosqueaban porque veían mi frialdad al contestar, yo les decía: «Es un tema sensible, me duele y solo me centro en mi vida». A lo que, con dos cojones, solían contestarme: «No, no, si yo también me centro en la mía». Y yo solía contestar: «Sí, sí, si se ve».

Y hoy en día ya no me preguntan. Qué bendición. Tenemos que poner límites a estas personas que ni si quiera se preocupan de nosotras. Fuera. Bastante hemos sufrido como para que vengan con su marujeo a tocarnos el tema. De esto también va el amor propio, de protegernos de gente mala o de aquello que nos hace daño.

Vamos a construir un mundo mejor o, mejor dicho, a reformar este. Ayudémonos y alejémonos de la gente mala. Por eso os he dicho que estoy gritando al cielo con este libro que la gente nos haga caso, que se vive, o, bueno, se malvive, luchando contra muchos estímulos que te recuerdan a lo sucedido. Queremos ser libres, volar lejos, sentir lo que es el amor y, sobre todo, vivir tranquilas.

Las leyes tienen que cambiar. Las víctimas necesitan ser amparadas con urgencia, no esperar a la burocracia mientras tienen que lidiar en su día a día con amenazas y riesgo de asesinato.

Mi tía vive actualmente en una habitación. El Estado le proporciona una ayuda de cuatrocientos cincuenta euros y se gasta trescientos en la habitación. Que, claro, encima tenemos que dar las gracias, porque por lo menos ha salido de ese barrio y de ese entorno tan peligroso. Cuando mi tío sale de permiso de la cárcel, literalmente mi tía no sale durante los cinco días de la casa. Tiene pánico y se sigue sintiendo indispuesta por todo el miedo que le tiene a su hermano —y a la reacción del resto—. Un día iba paseando por el centro de nuestra ciudad y otro de mis tíos empezó a increparla por la calle y a decirle que ojalá el que estaba en la cárcel la hubiera matado. ¿Creéis que esto es vida? ¿Pensáis que nosotras podemos pasar página con todo este entorno y en estas condiciones? La violencia intrafamiliar es una realidad y mi tía, al igual que otras víctimas, tiene que ser amparada.

5

Los debates del corazón

La dura batalla entre el corazón y la cabeza aún perdura en mí. En el capítulo anterior habéis podido leer un capítulo duro, para mí el más duro de este libro y de mi vida. Hacer lo correcto en este contexto familiar puede ser motivo de rechazo y conflictos.

Como habéis leído anteriormente, cuando sucedió lo de mi tía Milagros, tuve que ser yo quien llamó a la policía, pero no sin antes tener debates mentales. ¿Llamo o no? ¿Le voy a joder la vida a mi tío? ¿Estoy haciendo lo correcto o me estoy metiendo en un marrón? ¿Debo ser yo quien llame?

Evidentemente, hice lo que tenía que hacer, aunque en mi entorno no me lo pusieran demasiado fácil con los comentarios que tenía que escuchar. Mi tío el machista le dijo a mi tía Milagros que por qué razón había denunciado a su hermano —el agresor—, que le había jodido la vida. Ella, con diez puñaladas y casi asesinada, le había jodido la vida a quien casi se la quita. Es tan doloroso que encima te digan estas palabras. Que te culpen a ti, que sentiste el miedo de morirte ya, aunque no querías, porque alguien te estaba machacando con cada puñalada, que notabas cómo apretaba fuerte el cuchillo en cada golpe, con rabia y odio, cerciorándose de que te estaba matando. Aún lloro.

Y, claro, os recuerdo que mi tía Milagros tiene una enfermedad mental que hace que siga perdonando a toda esta gentuza. Incluso se le pasó por la cabeza quitarle la denuncia, porque, claro, si tu propia familia te está culpando de lo sucedido y el sistema te está rechazando, es muy complicado vivir cerca de estas personas tóxicas y aguantar la presión.

Además, como sabéis, mi madre, en un primer momento, me dijo que no me metiera, que lo que había ocurrido no era cosa mía. Yo me rebelé y le dije: «Mamá, claro que esto nos concierne. Lo que ha pasado es un hecho muy grave, casi la mata». Y ahí ya me dijo mi madre: «Venga, llama». Aquí es donde creo que mi madre tiene interiorizado el machismo, porque a su hermana también la considera como una mujer «problemática» y a mi tío el de la cárcel como el «pobrecín», como que no le da para más. No entienden la enfermedad mental de ninguno, pero apoyan al hombre.

Total, que con sentimientos encontrados llamé al 112. Esa noche acabé por rebelarme del todo. Algún familiar me preguntó que dónde estaba mi tío —el agresor—. Y yo, con toda la furia de estar en urgencias viendo cómo lloraba mi tía con un ataque de ansiedad, ensangrentada, con cicatrices y puntos de sutura por toda la cabeza, exploté y le contesté: «¿En serio estás preguntando por ese? ¡Ojalá estuviera muerto!».

Pero, claro, luego me sentí mal. A ese familiar no le pedí perdón ni nada y la conversación se quedó ahí. Me sentí mal porque, claro, con mi tío el agresor he pasado mucho tiempo, paseando, hablando de nuestras cosas, y tampoco quiero que esté muerto. Ahora bien, si la familia va a apoyar al agresor —aunque no todos justifiquen lo que ha hecho—, yo me tengo que posicionar a favor de la víctima, mi tía.

Durante todo este tiempo, he tenido pensamientos en los que me debatía entre si ir o no a la cárcel a ver a mi tío. Si hubiera podido ir con alguien con dos dedos de frente, hubiera ido para ponerlo colorado, sabiendo que tiene esquizofrenia, pero también diciendo que no justifico para nada lo que ha hecho. Y que, más allá de culpabilizar a su hermana, se le tendría que caer la cara de vergüenza. ¿Cuál es el motivo por el que finalmente no voy a ir a verlo?

En primer lugar, el nexo para ir a la cárcel está en mi tío el machista y, sinceramente, no quiero ir con una persona que le ha dicho todas las barbaridades posibles a mi tía. Y, en segundo lugar, resulta que, una vez, pillé a mi madre hablando por teléfono con mi tía Soco. Estaban hablando de que mi madre había ido a ver a mi tío a la cárcel el día anterior y mi tío —el agresor— dijo: «Si hubiera tenido una pistola, la hubiera matado». Y, en ese momento, el debate por ir a verlo y la losa que llevaba con los sentimientos encontrados por él se me quitaron de encima.

Esas palabras me bastaron para no ir a verlo, porque es algo fuerte. No voy a ser cómplice de alguien que ni siquiera se arrepiente de lo que ha hecho. Además, ya tiene a sus hermanos que lo van a visitar. Por una parte, me jode que lo vayan a ver. Entiendo que tengan sentimientos encontrados, pero no es justo que a mi tía ni siquiera le pregunten qué tal está. Mi madre y mi tía Soco no justifican lo que ha hecho y sí que le echaron la bronca. Pero, claro, si lo van a ver a la cárcel, pues parece que lo están perdonando y no prestando atención a la gravedad de lo sucedido.

El que parece que ni siquiera cree que tenga que pedir perdón es mi tío el machista. Con lo buena que era mi abuela, de verdad, es una pena que no tengan el legado de su bondad. No creo que a ella le esté gustando ver cómo ha evolucionado todo tras su partida. Eso sí, conmigo sigue viviendo, aquí y ahora; también está presente en cada una de estas líneas que conforman no solo un libro, sino toda una vida. La mía, la suya y la de mi madre sobre todo; son las mujeres que más me han ayudado en convertirme en la persona que soy hoy en día.

Aún me queda mucho por sanar, pero al menos ya sé de qué personas he de rodearme. Menos mal que tengo a unos amigos y amigas que, cuando en mi familia me hacen sentir como alguien débil o incluso irracional, ellos y ellas están ahí para decirme: «Ailana, lo estás haciendo bien y eres increíble».

La depresión me ha acompañado porque algunos miembros de mi familia me trataban como si no valiera nada e incluso alguno me amenazó con darme de hostias. Pagaban sus frustraciones conmigo, pero, eso sí, yo ya les dije: «Como me toquéis un pelo, yo tengo los ovarios como para llamar a la policía y denunciaros». Y ahí me empezaban a llamar chivata, maricona, gilipollas, etc. Porque, si os soy sincera, en esos momentos de tensión, ni me acuerdo de la cantidad de insultos que me caían.

Y hablando de caer, también me venían objetos; lo mismo me lanzaban un paraguas que un trozo de pan. Y esto no es normal, como tampoco lo es destrozar puertas o romper cualquier cosa por no tener gestión emocional. Además, la comunicación no era buena y al final se convertía en tóxica. En más de una ocasión, yo preguntaba cualquier cosa y había dos respuestas comunes: la primera era recibir un insulto como «gilipollas», por preguntar, y la segunda respuesta era el silencio, y os puedo decir que, para mí, esto también es un tipo de maltrato, porque me hacían sentir como una mierda.

Y hablando de mierda, así se sintió mi tía cuando fue de lado a lado sin que el sistema la amparara. Me decía que se sentía como una bolsa de basura, porque, además, como bien sabéis, la familia también la hace sentir como una mierda. Y me da pena, porque repito que convivir con mi tía no es fácil, pero, claro, que tenga una enfermedad mental no significa que no necesite amor y cariño. El problema es que no se le pueden pedir peras al olmo. ¿Cómo va a demandar amor y cariño a gente vacía de ello?

Me da pena que se sienta sola y que el sistema no le dé la oportunidad de salir de aquí con un nuevo rumbo y de empezar a sentir amor, con una nueva vida y rodeada de personas buenas. Mi tío, sin embargo, tiene el respaldo de la familia, vive en la cárcel en una habitación con su camita, televisión, con su luz, agua caliente, actividades diarias, etc. ¿Por qué se está permitiendo que el agresor viva mejor que la víctima? El mensaje que recibimos con este caso es que sale mejor apuñalar a una persona que ser víctima de ello. Por supuesto que no estoy incitando a la violencia, solo muestro nuestra experiencia y deseo que reflexionéis y toméis conciencia sobre esta realidad tan grave y desgarradora.

Por eso, a esta gente no se le demanda amor, se la demanda, a secas. A la cárcel. Tengo miedo por el día de mañana, por eso este libro quiero que sirva para revolucionar las leyes y que podamos salvar muchas vidas. Muchos asesinatos se pueden prevenir.

No hay que rezar a Dios para que no ocurra algo malo, hay que poner remedio, y el remedio en este caso es que el sistema ampare a cualquier víctima de violencia.

Alcemos la voz, cambiemos las leyes. Por favor os lo pido.

6

Sustituir mochilas por alas

La vuelta al cole tendría que dar más alas y menos mochilas. Hay pequeños y pequeñas que ya en la edad escolar están sufriendo y cargando con mochilas en sus senos familiares que no les corresponden. Con el tiempo, creces, te analizas —con suerte— y descubres que llevas años caminando con piedras a la espalda que son de otras personas —yo tengo escoliosis de cargarlas—.

A mí me encantaba el colegio, era mi zona de confort y de paz. Allí no sufría, no veía violencia ni tenía miedo. Me encantaba estudiar —de hecho, para castigarme, mi madre a veces me dejaba sin estudiar—, dibujar y jugar al fútbol. El colegio y el deporte son dos recursos que nos pueden salvar de muchas cosas, incluso de la violencia. Normalmente, las relaciones sociales que tenemos en esos ámbitos son relaciones sanas. En mi caso, escogí el fútbol y ha sido —y continúa siendo— mi salvación. Además, me ha brindado a personas que considero como mi verdadera familia. Amigas de verdad, las hermanas que me dio la vida. Pasar tiempo haciendo lo que nos gusta nos puede dar motivación, esperanza y alas para salir de los contextos violentos. Si la vida no nos dio alas, nos las podemos buscar nosotras, y el deporte es una buena manera de volar.

Cuando era pequeña, recuerdo que recortaba las fotos del equipo femenino de mi tierra y soñaba con ser como ellas algún día. Llegar al primer equipo y viajar mientras competíamos. Y un día lo conseguí. Esa niña que soñaba con ser futbolista llegó a jugar donde quiso. Además, la noticia del fichaje llegó en diciembre y empecé a entrenar con ellas el 24 de diciembre. Un regalo de Navidad. Esa época fue para mí la mejor de toda mi carrera deportiva.

Me ayudó a evadirme de todo mi entorno familiar. Mi cabeza estaba en competir, en jugar contra el Atlético de Madrid, contra el Rayo Vallecano, contra el Torrejón, etc. Fue un sueño. Imaginaos lo que era para mí entrar por la M-30 de Madrid, con sus cuatro carriles, para jugar al fútbol, con lo que tenía encima, sin ser hija de papá ni de mamá ni de nadie, porque dinero precisamente no había —hostias quizás, pero dinero no—. Mi ilusión brotaba por los poros de la piel.

Por eso hago hincapié en que cada uno debe buscar su pasión y pasar tiempo con ella. A nivel mental y emocional nos ayuda a caminar por el sendero de la vida.

El humor también ha sido una buena herramienta en mi vida. Recuerdo que en el instituto tuve a una docente que me dijo que jamás había visto a una niña tan risueña y alegre, a una niña tan feliz. Y yo, sonriendo, pensaba: «¡Ay, querida! ¡Si tú supieras!».

Cuántas historias dramáticas se esconden detrás de las sonrisas de la gente. Ahora estoy trabajando en un colegio, pero estoy superdesmotivada con el panorama actual. Me gustaría ser exclusivamente maestra de Educación Física, pero he visto que te pueden asignar otras funciones como ser tutora, ser coordinadora o ser equipo directivo. La excesiva burocracia —que no sirve para nada— y el desprestigio de nuestra profesión hacen que ya mi sueño se vaya disipando. No me gusta la sensación de verte vituperada por gente que ni está en el aula ni ha estudiado esta carrera. Descubrir qué hay detrás de cada niño y niña sigue siendo mi objetivo, y darles cariño. Cuando se lo digo a algún amigo o compañera me dicen que no me vaya de esta profesión, que la educación y los niños y niñas necesitan a gente como nosotras. Personas que conectamos con los pequeños e intentamos que estén cómodos en clase, haciendo nuestras clases dinámicas y motivadoras. Y eso me llena, lo que no me llena es todo lo que no tiene que ver con los niños. El otro día estábamos haciendo un juego y, de repente, los niños se entusiasmaron, gritaban de alegría y me sonreían porque se lo estaban pasando bien y, justo ahí, en ese instante, pensé: «Jo, esto es lo que me llena. La sonrisa de un niño o de una niña». Los docentes tienen el poder de ayudar a mejorar la vida de las almas inocentes —los discentes—.

Recuerdo que la que fue mi tutora en la ESO, María, me ayudó en ciertos momentos cuando ocurrió lo de mi tía. Sobre todo me dio apoyo emocional, me podía desahogar con ella y me comprendía —quiero pensar que cualquier persona con dos dedos de frente lo habría hecho—, pero es de agradecer enormemente que ella me diera consejos y se preocupara. Ella se asombraba con todo lo de mi familia, sobre todo con las reacciones.

Estuvo aconsejándome qué hacer a medida que iba discurriendo el tiempo e iban pasando cosas, como cuando echaron a mi tía de la asociación de violencia de género. Era como, vale, ha pasado esto ahora, ¿qué hacemos? Y así estuvimos durante meses. María se convirtió en un apoyo importante cuando me temblaba la voz y la angustia me estaba quitando vida.

Me recordó a la serie de *Merlí*, a aquel profesor que tenía la confianza y el corazón suficientes como para ayudar a su alumnado. Además, esta profesora nos cuidó como una madre durante su tutoría con nosotros y eso vale más que cualquier nota académica. Así que, desde aquí, gracias. Ojalá nos encontráramos a más docentes así.

Benditas sean esas almas que nos educan, que nos tratan y cuidan como si fuéramos sus hijos e hijas y que tienen la humildad de aprender de su alumnado. Precisamente es a ese tipo de docentes a quienes recordamos con más cariño. En el colegio, al ser más niña, me sentía a gusto casi con cualquiera, porque, además, normalmente existe más cercanía entre el profesorado y el alumnado. Evidentemente, prefería a los docentes empáticos que me trataban con más cariño que a los que gritaban y solían estar a la gresca casi siempre. Recuerdo con especial cariño a mi profesora de Infantil, Julia, una mujer que a día de hoy nos sigue enviando un mensaje para felicitarnos la Navidad. Y ahora ya tendrá unos ochenta años, ¿verdad que es una maravilla? Eso es la magia de ser una buena docente para mí, la cercanía y el cariño que perdura con el paso de los años. Las huellas que les dejamos a esos niños y niñas.

Mirando hacia atrás, también me ocurría algo con las docentes que me daban abrazos, besos o que incluso, a veces, por rutina, nos pedían un «abrazo colectivo», y es que, al no estar acostumbrada al cariño y al contacto físico, lo rechazaba. Me costaba mucho dar abrazos y ha sido con el tiempo cuando he aprendido a ser más cariñosa. A mis amigas las abrazo encantada ahora, pero antes no era lo normal en mí.

En el instituto, cuando ya era más consciente de todo, sí que valoré profundamente a los docentes que me encontré y que noté que eran cercanos, que nos hablaban como si estuvieran hablando con alguien conocido para ellos y ellas. Deberíamos reflexionar sobre el trato que damos a los demás, porque nunca sabemos las batallas que están atravesando. En mi caso, al tener un batallón en el barrio, agradecía un poco de calor humano en el instituto. Era una niña alegre y risueña, pero también muy insegura. Me marcaron para bien mi profesora de Ciudadanía, Socorro —se llama así, no es que esté pidiendo ayuda—, mi tutora, María, de 3º de la ESO —de la que os hablé previamente— y mi tutor de 2º de Bachillerato, Arturo.

Socorro tenía una infinita paciencia y escucharla hablar era gloria para los oídos, una voz muy dulce, como su bondad y corazón. Nos ofrecía siempre caramelos y ella me enseñó la película de *La vida es bella*, una de mis películas favoritas ahora. Me encantaba cuando iba por los pasillos del instituto con la típica televisión grande, que transportaba en una mesa con ruedas. Ya no se ve eso, ahora las clases ya tienen ordenadores y proyectores. Socorro era una señorina mayor; recuerdo que en sus clases sentía esa paz que en la mayoría de ocasiones me faltaba.

María, como os he dicho, me ayudó con el tema de mi tía y en la época de la ESO, recuerdo con añoranza sus clases, una mezcla de «zascas» y cariño. Era una persona que si te tenía que echar la bronca porque sabía que podías dar más, como fue mi caso cuando un trimestre dejé cinco asignaturas, lo hacía desde el corazón, por el bien de nosotros y nosotras. Sus clases reflejaban la confianza que nos transmitía. Era una docente cercana, trabajadora y empática. Como os he dicho, siempre fui una niña bastante risueña, y en las clases de María sentía la libertad de, de vez en cuando, soltar algún «zasca» gracioso.

Como ejemplo concreto, me acuerdo de una vez que vino como profesor de prácticas un chico de Canadá. Era bastante majete, pero a veces se hacía un poco el chulo. Un día, nos puso una película muda en blanco y negro. El objetivo de ponernos esa película no lo recuerdo, de lo que sí me acuerdo es de que a todos y todas nos resultó un coñazo. Además, estuvimos dos días viéndola. Cuando terminó la película, nos preguntó si nos había gustado. Solíamos ser un grupo bastante empático y trabajador, así que supongo que por empatía le dijimos que había estado bien. El tema es que después de la pregunta nos dijo que ya veríamos otra película más adelante. Y ahí fue cuando, de manera espontánea, me salió decir: «Pero no va a ser una película como esta, ¿no?». Y ahí fue cuando María, que estaba sentada en la silla de docente, se rio mientras intentaba que no la viera este chico.

Era una profesora natural, como la vida misma. En aquella época tendríamos unos quince años y recuerdo una vez en que todos los chicos se rieron por algo y ninguna chica se rio. Al ver esto, María soltó: «Y aquí se ven las diferencias de la madurez». Me encantaban los «zascas» entre humor que soltaba.

Arturo también fue un profesor que me rompió todos los esquemas. Este sí que era tal cual el profesor de la serie de *Merlí*. Me encantaba ese «colegueo» con el que impartía las clases, tan natural. Para contarnos la Historia de España lo mismo escenificaba lo que nos estaba contando que emitía frases como: «Esta mujer se folló a este y tuvieron este hijo». Nos reíamos mucho, aunque también os digo que los y las docentes que nos ofrecieron ese calor humano —a veces en los institutos se echa de menos— son las personas a las que más respetábamos y a las que recordamos con cariño después de tantos años. Gracias a todos y todas los que sois así. Desde mi corazón, agradezco vuestra labor y sois mi esperanza y mi ejemplo a seguir, espero ayudar a miles de niños y niñas. Para mí es fundamental llegar al corazón de las personas. Esa es mi meta en la vida.

No sé si acabaré ejerciendo como maestra, pero de momento sí estoy trabajando en un colegio y mi pretensión es dar alas a los niños y niñas para que se quieran bien, se respeten y rompan con los prejuicios de esta sociedad. La educación es muy poderosa y, para muchos niños y niñas, los centros educativos son los únicos lugares donde van a recibir una educación en los valores del respeto, el amor y la diversidad. Desde mi humilde corazón, sea donde sea, siempre intentaré llegarles al corazón y quitarles el peso de la mochila con la que vengan. Dentro de nuestras posibilidades, siempre podemos mejorar este mundo, que falta hace.

Hace unos años, trabajé como profe durante un mes en un colegio. Al principio me costó adaptarme, porque eran niños y niñas que no tenían límites en sus casas y las normas las llevaban mal. Además, la mayor parte del alumnado provenía de contextos duros y faltaba al colegio; Servicios Sociales estaba pendiente por el absentismo escolar. Muchos niños y niñas no tenían motivación por el deporte ni por ninguna asignatura. Con cariño y naturalidad —fui cercana con ellos y ellas— conseguí llegar a su corazón y «me los gané». Una niña que solía ser absentista me dijo un día: «Tengo ganas de venir al cole por ti». Para mí, esa fue la mayor victoria, recibir cartas y abrazos de estos seres tan puros. A veces simplemente es cuestión de tener empatía y hacerle más llevadero el trayecto al resto. Eso sí, sin olvidarnos de nosotras mismas.

He aprendido que soy mi propia luz. Aunque mi entorno sea oscuro y me dé miedo, yo sigo dando pasos hacia delante, brillando y lanzando rayitos de luz a las personas que necesitan a veces un rayo de esperanza. Ellas también me arrojan luz cuando mi llama tiembla o flaquea. Para mí, la vida de las buenas personas es un flujo de luz entre corazones buenos. A veces intentan apagarnos, pero siempre somos luz. Es hora de vaciar las mochilas que llevamos llenas de traumas y maltrato y llenarlas de cosas buenas, que ya toca.

7

Soñar temblando

¿Alguna vez os habéis ido unos días fuera de vuestra casa y habéis estado llorando por no querer volver? A mí me pasó. Unos meses después del apuñalamiento de mi tía, tuve la necesidad de irme lejos porque estaba en *shock*. Me fui a Galicia, porque la tierriña me sirve de terapia. En otra vida fui gallega seguro, porque la paz que siento al entrar a la provincia de Pontevedra es… indescriptible. Me encantan las piedras típicas de allí para hacer las casas de Vigo, creo que están hechas de granito, y, por supuesto, los hórreos. Incluso los viñedos con columnas de piedra de las casas. Por no hablar de las islas Cíes. Para mí todo esto es típico de allí; cuando veo eso, siento por dentro que ya estoy en casa. Ni el alcalde de Vigo ha vendido tan bien Vigo como yo.

El hecho de llorar alguna noche en ese viaje fue síntoma de la alerta en la que vivía y en la que, en parte, sigo viviendo. Vivir con miedo a que pase algo malo y acostarme siempre boxeando con mi cabeza, intentando no dejar pasar a esos recuerdos horribles que aparecen justo antes de dormir, no es plato de buen gusto. Mi tía Soco también reza para que no pase nada malo, pero, como me dijo un día hablando por teléfono, «ojalá no pase nada, ojalá, pero ya sabemos lo que hay». Se generan conflictos a veces por tonterías, pero, claro, con gente impulsiva, machista y que no razona, pues al final no se puede esperar mucho. Me encantaría hacer una maleta e irme, irme lejos. Cuando me he ido unos días de viaje, he estado en paz. Por supuesto, no es lo mismo irte unos días a turistear que a vivir. Con todo lo que llevo encima, no creo que irme sola a una ciudad me viniera bien. Conociéndome, lo pasaría mal. Ahora necesito rodearme de la buena gente que tengo en mi vida.

Cuando estuve en Vigo, salía a la calle y no tenía que estar pensando en no pasar por el barrio conflictivo donde he crecido. Además, el apartamento donde estaba emanaba un ambiente sano, brotaba la calma de las paredes. Por eso lloraba cada noche ahí, porque estaba tan bien que no quería volver. Eso sí, ahora estoy mucho mejor mentalmente. Me he sobrepuesto a cada golpe y, aunque me tambalee en el momento, sigo resistiendo. El ser humano se adapta. Y ahora, gracias al paso del tiempo, he conseguido tranquilizarme, aunque tenga el runrún de vez en cuando. Antes me estallaba la cabeza y somatizaba la angustia en mi cuerpo físico. Siempre me recuerdo que ya no queda nada para vivir la vida que quiero y que me merezco. Sé que lo voy a conseguir.

Tampoco pido mucho, ¿no? Solo quiero vivir en paz, en amor, en calma. Siempre he presenciado más golpes que caricias, más incomprensión que empatía, más miedo que tranquilidad. Y estoy harta. Esto no es vida. Como os dije, yo vengo a romper patrones. Aunque he de decir que, al contárselo a mis amigos y amigas, me he dado cuenta de que he normalizado cosas que no debía normalizar. Alucinaban con estas historias. Incluso, aun con miedo, cuando había alguna movida, normalizaba la situación —siendo una niña—. Por ejemplo, mi tía Milagros no era la primera vez que era agredida. Hubo una vez en que yo estaba entrando al barrio por el callejón que había y la vi en el portalillo apoyada. Mi tío —el mismo que ahora la ha apuñalado— la había lanzado contra un reloj grande de madera. Tenía cuarenta puntos en la cabeza. ¿Y adivináis qué? Nadie hizo nada. Ni una denuncia.

Y todo esto parece que no, pero se va almacenando en los recuerdos, y son cosas fijas que el cerebro no me ha borrado. Aunque, en ese momento, simplemente observaba lo sucedido, me asustaba y seguía con mi vida porque era una niña.

Ojalá el servicio público de psicología tuviera más personal y recursos, la calidad mejoraría. Mi paso por la Seguridad Social se puede resumir en que mi psicóloga era maja, pero no creo que tuviera las herramientas para ayudarme. Lo que me dijo ya lo sabía yo: «Esto es un proceso, sanarás, tienes claro lo que tienes que hacer, es cuestión de tiempo». Además, el sistema nos echa pronto. Literalmente, las últimas palabras que crucé con mi psicóloga fueron que me tenía que dar el alta porque la obligaban a hacerlo.

Soy una chica alegre, de buen corazón, risueña y con sentido del humor. Chicas, ¿qué más queréis? Quiero tranquilidad y una novia. A san Pedro lo tengo amenazado, porque, después de todo, como se le ocurra subirme arriba sin haberme dado una novia con la que tenga una historia de amor idílica y superbonita, no tiene cielo para correr.

Ahora hablando en serio, sueño con sentir la paz que tengo cuando viajo y veo que hay gente buena. En este último viaje, me emocionaba al ver que la gente me trataba bien. Es impresionante la sensación que sientes cuando, después de estar viviendo rodeada de menosprecios o de ver violencias, pasas a un mundo distinto, donde te encuentras con gente normal tratándote bien. Caminas con la tranquilidad de la mano.

Y ahí también comprobé que no estaba en un buen momento, cuando, después de que la gente me tratara bien, yo me sentía con un sentimiento de melancolía, como si no estuviera acostumbrada a ello. He vivido situaciones que me han minado la moral, he tenido pensamientos suicidas, me han destruido la autoestima, he sufrido una depresión y, todo esto, desencadenado por personas de mi entorno.

Ahora estoy más fuerte mentalmente; el miedo sigue ahí, pero también lo he convertido en furia y en resiliencia. No voy a permitir que esta gente forme parte de mi vida. Y esto lo aplico para todo tipo de relaciones. Quien esté en mi vida lo hará porque es buena persona, me respeta, me apoya y me hace sentir bien. A quien me dé paz, le daré todo, soy una persona muy leal, pero a quien ose intentar pisarme y hacerme sentir mal, lo sacaré de mi vida, sin contemplaciones. Una de las cosas positivas que he aprendido después de todo lo que he vivido es que la vida tiene que ser fácil. Yo no voy a aguantar a nadie que no me dé buenas vibras o que tenga detalles malos conmigo. Fuera. Sin hipocresías.

Quien te quiere te lo demostrará y te ayudará a caminar de manera más ligera. Si tienes a alguien en tu vida —como amistad, pareja, familiar, conocido— que te está haciendo sentir mal, es mejor que lo apartes de tu camino, porque, como se suele decir, lo que no suma resta, y esas personas, que incluso pueden tener envidia de ti, solo te entorpecerán el camino. Así que a caminar con el amor y con la paz.

Me da igual lo que la gente opine o hable de mí, la gente que de verdad me conoce sabe el buen corazón que tengo. Si he cometido algún error, también soy una persona que pide perdón. Quizá por eso soy más como una loba solitaria, alguien independiente que, después de todo, solo está buscando su paz.

Por eso os comentaba que mis viajes a Galicia son terapéuticos y no quería volver. No es fácil volver a la batalla, a ver puertas destrozadas, insultos, a sentir tristeza y angustia, pero, eh, ya falta menos para ganar esta guerra. Y la voy a ganar.

En un futuro cercano, me encantaría compartir una vida en pareja, crear la familia que nunca he tenido. Con las bases en el amor, la calma y la armonía. Como os he dicho, tengo mucho por sanar y sacar, pero sí que creo que tengo claro la vida que quiero. Me encantaría sentir el amor, enamorarme, crear una relación sana donde la comunicación y el amor fluyan entre nosotras.

«Lo bueno» de criarme en un barrio conflictivo es que yo he crecido como una «minion» con un detector de cosas tóxicas y, por tanto, tengo clarísimo qué es tolerable y qué no. No voy a permitir una relación tóxica ni inmadura, porque yo no soy la mamá de nadie. Quiero una relación con una persona buena, que tenga las cosas claras, y en la que ambas nos hagamos reír; el humor y el amor tienen que ir de la mano, al menos para mí.

Me encantaría viajar con ella, conocer mundo, aunque antes tenga que conocer cada recoveco suyo. Yo no pido grandes cosas, solo comprensión, cariño y humor. Aunque, si lo analizamos bien, esas tres cosas son grandiosas. No quiero cosas materiales, solo alguien que me complemente, alguien que quiera estar conmigo, aunque pueda vivir sin mí. Algo recíproco.

La vida es mucho más amena con amor. El amor todo lo cura. Y hace mucha falta. Un abrazo salva vidas. En mi opinión, vivir lejos del amor es una tortura, un dolor que nunca sana. Con empatía y amor, las preocupaciones son menos preocupaciones.

San Pedro, de momento, no me ha topado en mi camino con alguien que quiera compartir su vida con la mía. Yo me lo imagino, cada vez que voy a quedar con alguna chica, descojonándose, porque sabe que esa chica no es la que supuestamente está unida a mí por un hilo rojo —sí, yo creo en todo esto, me aferro a esta leyenda japonesa, al horóscopo negro y a todo lo que me pueda dar esperanza en el amor—.

Tengo derecho a ello. Todo el mundo tenemos derecho a conocer lo que es el amor. Es cierto que el amor lo podemos conocer de muchas formas, pero yo me refiero al amor en pareja, en «trieja» o lo que la gente quiera. Alguien con quien rías mientras follas.

Porque sí, es bonito y necesario el amor entre amigas, con nuestros perritos, gatitos, etc., el amor con los seres que queremos en general, pero yo quiero una pareja. UNA, solo UNA. ¿Tan difícil es san Pedro?

En España, la población actual es de 48 446 594 habitantes. Pongamos que de esos cuarenta y ocho millones de personas, cuarenta y seis millones son lesbianas —¿os imagináis? Qué fantasía—. Si hablamos de la población mundial, las probabilidades aumentan exponencialmente. Ahora en serio, san Pedro, no creo que sea tan difícil encontrarme una novia.

A mí me parece una maravilla tener una persona con la que pasar el resto de la vida, si la relación es sana y las dos estamos a gusto, claro, nada de forzar. Sí que creo que las relaciones se tienen que trabajar, pero, si por más que pongamos soluciones, no estamos felices ni a gusto, a otra cosa, mariposa. La vida es un regalo demasiado bueno como para amarrarnos a algo que no nos está haciendo bien.

Yo quiero soñar, sin temblar, y conocer lo que es el verbo amar.

8

Confusiones entre carencias

En *El Rey León,* Rafiki nos enseña una frase magistral que seguro que habéis escuchado: «Oh, sí, el pasado puede doler. Pero según lo veo puedes o huir de él o aprender». El pasado quedó atrás, pero sigue conviviendo con nosotras, puesto que lo que vivimos en el ayer nos puede haber afectado en lo que somos hoy.

Como bien sabéis, considero que, aunque mi madre nos quiere con locura, con todo lo que le hicieron de pequeña, no supo darnos cariño físico. Esto repito que no significa que no nos quiera, sino que simplemente ella se ha puesto una coraza. Una frase que me dijo en su día y que se me quedó grabada fue: «Cuando era pequeña era una niña como tú, risueña y alegre. Yo no era fría, mi familia me hizo fría».

Es una frase que me atravesó el alma, porque ninguna niña se merece perder la infancia, la inocencia y que hagan con ella cosas terribles como las que leísteis en los primeros capítulos. Además, lo peor de todo es que todo ese dolor aún habita en ella y parece que se ha dejado totalmente, como si hubiera hecho ya todo en la vida, aceptando que en esta vida le tocó sufrir y que ya se morirá en paz cuando san Pedro la llame. Me da rabia que por gente hija de puta le hayan robado las ganas de vivir. Quiero empezar a tener una vida con una estabilidad económica para que también mi madre empiece a viajar, a tener más tranquilidad y a intentar despegarse de su pasado. Aunque eso no depende de mí, sino de ella.

Le vendría bien ir a una psicóloga para que sacara todo lo que lleva dentro. Además, yo soy de las personas que piensan que, en el caso de que tuvieran hijos e hijas, solo lo harían si estuvieran bien emocionalmente, entre otras cosas. Considero que, si tienes hijos en ambientes violentos y sin haber resuelto tus problemas emocionales, les vas a pasar tus miedos, traumas y al final les vas a condicionar sus infancias.

En ocasiones, la gente tiene hijos e hijas por capricho. Ala, me apetece tener uno. O también para salvar una relación. Pero al plantearnos tener descendencia deberíamos pensar si estamos bien emocionalmente y qué vida le vamos a dar a esa criatura. Una de las preguntas más importantes podría ser: ¿el niño o niña que voy a traer al mundo va a ser feliz?

A raíz de lo de mi tía Milagros, he reflexionado mucho acerca de este tema. Si tengo descendencia, no quiero que sufran viendo las cosas que yo he visto; qué menos que evitarles sufrir en su infancia rodeados de gente tóxica. Como me enseñó mi amiga Paula, «busca lo bueno que lo malo viene solo». A la vida venimos a aprender y eso conlleva que en ocasiones suframos por diversas situaciones como el desamor, la pérdida de una mascota o familiar, etc. Pero sí que es cierto que hay sufrimientos que podemos evitar que nuestros hijos e hijas sufran.

Mis amigas las brujas me han enseñado también que, antes de venir a este mundo, nuestra alma firma un contrato —yo ya tomé malas decisiones antes de nacer—, y quiero que, si tengo hijos o hijas, estas criaturas firmen uno de los mejores contratos de su vida. Para ello, estoy haciendo un trabajo introspectivo para mejorar como persona, alejarme de personas tóxicas y vivir en tranquilidad.

La falta de cariño me ha hecho tener problemas a la hora de tener muestras de afecto con otras personas. Como os dije, rechazaba incluso un abrazo colectivo cuando nos lo pedía la profe. Considero que soy una chica extrovertida, pero con inseguridades. Aunque a mis amigas las abrazo sin problemas, siento que aún tengo problemas para conocer a alguien especial.

Como anécdota, hubo una vez que quedé con una chica y, cuando se me acercó, me salió instantáneo decir: «Espera, ¿qué quieres?». De verdad que me siento mal cuando espontáneamente suelto comentarios así, porque entiendo que la otra persona se puede sentir mal. También es cierto que, en mi opinión, cuando estás conociendo a alguien, tienes que conocer antes a esa persona, saber un poco de su vida, para saber cómo actuar. Yo abrazo si tengo confianza, pero, si quedo por primera vez con una chica, me cuesta tener aún esa confianza. Eso sí, yo no callo, como odio los silencios incómodos, empiezo a hablar como si fuera Mónica Carrillo en los informativos.

Tengo la esperanza de que la chica adecuada respetará también mis tiempos y me abrazará con mis miedos y con mi pasado. Por supuesto, como os he dicho, yo tengo claro que mi pasado lo quiero superar, no me voy a agarrar a él. Acepto lo que pasó y continúo con mi vida. Tengo claro que a mi lado solo quiero a personas que me den paz y tranquilidad.

Otro de los «problemas» que me he dado cuenta que tengo es que, cuando me noto dolida en una situación, de repente, tengo la necesidad de irme de ahí. Una de las anécdotas que corroboran esto fue cuando, una vez, mi amiga Lorena hizo una barbacoa en casa de su novia y me invitó a mí, a la chica que pensaba que me gustaba —luego os cuento— y a dos amigas más de ella. Se suponía que una de las chicas y yo estábamos conociéndonos, por eso mi amiga Lorena también la había invitado. En un momento de la noche, recuerdo que Lorena y yo fuimos a unos recados y, cuando volvimos, vimos tontear a la chica que supuestamente me quería conocer con otra de las chicas que había allí.

Aquí es donde mi mente empezó a ponerse modo alerta y sentí la necesidad de irme de la casa de Lorena. Llamé a una amiga de un pueblo cercano pidiéndole por favor que me sacara de ahí y me fui. Sin dar explicaciones, solo a mi amiga Lorena.

El tema es que siento que realmente esa chica no me gustaba. Físicamente no me llamaba la atención y, como era más mayor que yo, inconscientemente estaba buscando cariño y protección. Y, por esta cuestión, he tenido problemas para conocer a chicas. El tema es que yo me guiaba por que fueran buenas personas, pero físicamente no me llamaban la atención y, al final, me intentaba forzar a que me gustaran.

Quería darles una oportunidad por esa frase de «bueno, quizás de primeras no te guste, pero luego conoces a la persona y te acaba gustando». Pero no, al final, ni antes ni después. Con la mayoría de ellas ni siquiera llegaba a quedar, porque me imponen, tampoco sé el motivo. Me ponen y me imponen. ¡Qué movida!

Al final les acababa haciendo daño, porque, claro, me asustaba y huía. Con el paso de los años me he dado cuenta —al ir repitiendo siempre el mismo patrón— de que siempre he confundido que me dieran cariño con que realmente me gustaran.

Desde la madurez y tranquilidad, estoy trabajando con mi amor propio. Si durante este trasiego, llega una chica que me gusta, es madura y vamos construyendo una relación sana, genial, me encantaría, pero, si no aparece, no voy a estar buscándolo.

También os digo que me he encontrado con chicas que no sabían lo que querían y que de alguna manera no se han portado bien conmigo. Recuerdo que, durante un diciembre, estuve conociendo a una chica que se llamaba Marta. A priori, Marta no era mi tipo porque vestía de una manera extravagante y era lo que yo considero que es «pija». No se puede juzgar a un libro por su portada y, como habéis leído antes, me gusta conocer a las personas y a sus corazones. Además, por el pasado que tengo, siento que a veces me siento inferior a las chicas que conozco y que tienen dinero. Eso es un problema mío, por supuesto.

Digamos que mi mente empieza a comparar mi vida con la suya y a pensar: «No le vas a gustar, mira tu contexto familiar y mira el suyo. Una chica que ha tenido una vida normal». El caso es que Marta y yo empezamos a quedar; parecía que, aunque no fuese un flechazo, estábamos a gusto. Ella además me decía cosas como que le parecía una chica increíble, que pensaba que no iba a poder superar a su ex, pero que se le había quitado ese miedo conmigo. Se acercaba Navidad y todo parecía superbonito. Esa época en que nos volvemos más Mr. Wonderful. Yo soy una chica muy detallista y siempre tenía detalles con ella, soy una romántica. Y sí, también soy intensa, pero prefiero encontrarme siempre a alguien como yo que encontrarme con desinterés. El desinterés aburre.

Total, el día de Navidad fuimos a ver las luces de Navidad, a comer churritos con chocolate y me dio la mano. ¡QUE ME DIO LA MANO! No sé vosotras, pero yo si le doy la mano a alguien es porque es especial. Ese día, le habló su ex y… ¡sorpresa! De repente, cambió, la notaba hasta incómoda conmigo y, al final, nos despedimos por la tarde noche. Al día siguiente seguía rara y no nos volvimos a ver. Fue la última vez que la vi hasta el día de hoy. ¿Cómo me afectó todo esto? Se me incrementó la inseguridad que tengo con las chicas. Por eso, hasta que no encuentre a una chica que me dé buenas vibras, que sepa que es madura y que no tiene que superar a su ex, no voy a conocer a nadie. Una lección que también he aprendido es a no forzar relaciones, he mejorado en ese aspecto. Ahora, si una chica siento que no me gusta, no fuerzo y tengo responsabilidad afectiva con ella. Prefiero decirle que no que estar mareándola. No se lo merece.

Mis traumas de la infancia también están presentes y me han afectado a la hora de conocer a gente para algo más que una amistad. Los episodios de abusos sexuales que sufrí cuando era niña, y que he descubierto ahora que realmente fueron abusos sexuales, me siguen afectando hoy en día inconscientemente. Abusar sexualmente de alguien no solo es que te toquen o que te penetren, también es que te muestren sus partes íntimas o que te retengan en un lugar pidiéndote ciertas cosas —como bajarme los pantalones—. Intento conocer a alguien, pero me he dado cuenta de que, cuando la cosa se pone más intensa, me agobio y me voy. Es como que quiero amor y cariño, pero al mismo tiempo soy incapaz de relajarme con una chica. Y esto es muy jodido de llevar y de tratar sola.

Quiero pensar que algún día alguien me calmará, me acompañará y que podré disfrutar y conocer lo que es sentirse amada, algo que sea recíproco. Haber vivido entre maltrato me ha envuelto en una vorágine de la que estoy intentando salir, pero de la que me está costando salir. Es una paradoja, pero, como solo he conocido situaciones de maltrato, tengo miedo de salir de todo esto. Me he acostumbrado a todo esto, mi cerebro está alerta, pero está adaptado a este entorno, por eso salir de aquí lo recibe como otra amenaza. Hace un tiempo, hablé con una chica de Chile que, junto con mis amigas, me decía que esperaba que pronto me deshiciera de todas estas mochilas familiares porque, después de eso, hay personas maravillosas y bonitas que me están esperando.

Mis amigas me consuelan siempre con la típica frase de «tranquila, todo llega cuando menos te lo esperas». Así que nada, poco a poco y con buena letra. Es necesario también saber estar sola y no caer en redes de personas tóxicas. Cuando estamos en una situación de «vulnerabilidad» puede que nos valga cualquier persona para sentir un poco de cariño. Y esto es aplicable a amistades, relación de pareja o familia.

A medida que he ido teniendo más amor propio, he ido deshaciéndome de gente tóxica. Sin contemplaciones, además. Cuando alguien sabe todo de ti y ataca a tus inseguridades, hay que sacarlo de nuestra vida. Alguien que realmente te quiere jamás te tocará las cosas que te duelan. Así que ¡FUERA DE AQUÍ!

Con el tiempo he aprendido a que no me importe lo que piensen de mí el resto de personas. Bastante he aguantado a lo largo de mi vida como para dejar entrar a mi vida a gente gilipollas y tóxica. Ni de coña.

Tengo claro que solo voy a tener en mi vida a gente con buen corazón. Las carencias de buenos corazones en el pasado las voy a suplir llenándolas con gente buena en el presente y en el futuro. No soy perfecta, ni pretendo que el resto lo sea, solo pido que en mi vida haya armonía, bondad y almas bonitas.

9

El pájaro en la jaula

Desolada y sin rumbo. Me siento como la canaria de mi vecina, que, aunque abran la puerta para que vuele un poco por el salón, no sale por miedo. Solo conoce su jaula y en ella, aunque no sea feliz, se siente cómoda.

Tengo miedo de salir y al mismo tiempo lo estoy deseando. Soy maestra, pero, como os he dicho, ha llegado un punto en el que no soy feliz, no sé si por la desmotivación al ver el panorama de las aulas o por el hecho de seguir en la misma tierra, cerca de quienes alguna vez me robaron la infancia y mi alegría.

Estoy perdida porque no quiero que mi vida empeore. Vivimos en un sistema en el que necesitamos dinero para vivir. Todo está por las nubes y ahora que tengo una estabilidad más certera con la enseñanza me da miedo dejarlo. No quiero volver a dar clases particulares, a trabajar en una panadería o a fregar platos en un restaurante como he estado haciendo, porque se trabaja mucho más y evidentemente se gana mucho menos.

Pero no me siento bien, no estoy cómoda. Me da igual mudarme a otro pueblo o ciudad de mi tierra, porque la siento como una jaula. Estoy triste.

Necesito que la vida me saque de aquí. Os acabo de decir que soy maestra y que me encantan los niños y niñas, pero no me gusta el sistema educativo centrado en evaluaciones, competencias, burocracia… Cuando voy en el autobús para ir a trabajar, coincido con otra profesora con muchos años de experiencia que me dice que, si fuera por ella, dejaría la enseñanza y abriría una floristería.

Y no es por falta de vocación, porque realmente somos personas a las que sí que nos preocupan nuestros niños y niñas, pero me comentaba que antes ella en su casa pensaba en actividades y materiales para utilizar en sus clases y que ahora las tardes se las pasa en plataformas subiendo papeleo. Y, por supuesto, ha notado en declive el prestigio de nuestra figura como docentes.

Así que yo, que pensaba que ya tenía mi vida encarrilada, resulta que a mis treinta años no sé por dónde seguir avanzando. Pero tengo claro que voy a ser valiente y que no me voy a conformar con mi vida actual solo porque ahora tenga una estabilidad económica. Si no soy feliz, no quiero; al menos voy a intentar encontrar algo que me llene. Para opositar siempre hay tiempo. Hace poco me encontré con la que fue mi profesora de Lengua y Literatura de la ESO y, al contarle que era maestra pero que estaba muy descontenta con el panorama, me contó que ella me invitaba a encontrar mi camino. También me contó que se había encontrado con otra exalumna que era enfermera y que estaba como yo. Estamos bien en el trabajo actual, pero no somos felices.

En mi familia no ha vuelto a haber violencia *heavy* desde el apuñalamiento de mi tía, pero cargo aún con todos los traumas y el dolor de estos años. La tristeza me invade y quizá este sentimiento sea un grito de mi alma para que no me acomode aquí y que salga cuanto antes.

Las cosas han cambiado. Mi madre y yo nos hemos mudado solas sin mi hermano. Allí el ambiente era insano y tóxico. Ambiente negativo, malas contestaciones y un sinfín de detalles que no hay que tolerar. Me hubiera encantado tener una familia en la que, cuando llegaras a casa, te dijeran: «¡Hey! Buenas tardes, ¿cómo te encuentras? ¿Qué tal ha ido tu día?».

En su defecto, solo había malas contestaciones o silencios con los que te ignoraban al realizar una pregunta. Allí lo normal era que mi hermano me contestara: «Joder, qué pesada» o «vaya tontería de preguntas que haces». Y no, ya no es un adolescente. Por lo tanto, no hay que tolerar esto —aunque nos llamen exageradas—.

Y a mí esto me duele.

Me encantaría tener una buena relación, pero eso no depende de mí. Y esta chica que ahora escribe se hartó de recibir amenazas con pegarme una paliza o con tirarme por el balcón. En los ojos de mi hermano vi el odio, el desprecio y la rabia al mirarme y, lo siento, no me merezco eso. Cada uno debe gestionar sus propias emociones y su frustración. Con quince años, se puede medio pasar, por la edad, pero ya no. Precisamente, escribo lo que he sufrido por parte de mi hermano para que otras personas lo identifiquen como algo negativo. Yo le he pasado muchos de estos episodios, pero no se deben tolerar. No es normal, no debemos justificar ningún tipo de violencia.

Me cansé de escuchar golpes, gritos, insultos, de ver cómo me lanzaba lo primero que pillara o de que mi madre recogiera y recompusiera las puertas que él iba destrozando. Por no hablar de los desprecios hacia mi madre y hacia mí; que a mí ya me da igual, pero me duele que lo haga con su madre, con esa mujer que no descansa ni un solo día de la semana, porque todos los días del año se levanta a las cuatro y media de la mañana para ir a limpiar. Esa mujer que con las herramientas que tuvo hizo lo que buenamente pudo con sus hijos. Y que, aunque sea fría por fuera y debiera cambiar cosas, es una mujer sensible y buena.

Quizá le permitió de más a mi hermano, o quizá mi hermano fue una víctima. Quién sabe, lo único que sé es que, cuando ya eres consciente, te tratas en primera instancia y no faltas al respeto. «Es que como la vida me trató mal…».

No, perdona, lo siento mucho, de verdad, ojalá no hubieras presenciado tantos momentos de violencia, porque eras un niño, pero ahora has crecido. Demuéstrale al mundo entero que podemos nacer en unos trasteros, sin un padre que nos proteja y con una familia materna violenta y machista, pero que podemos salir adelante, que podemos no ser como ellos, que no pudieron con nosotros ni con nuestra esencia.

Confróntales y diles: «Eh, se acabó. ¡SE ACABÓ! Lo que haces está mal, no tienes que pegar a un animal, no tienes que apuñalar a tu hermana, no tienes que echar a nadie de su casa, no tienes que cortar la luz y dejar a alguien sin agua caliente en pleno invierno, no puedes violar a tu hija, no puedes amenazar con que me vas a pegar una paliza, simplemente, no puedes».

No ser como ellos es, de verdad, el mayor orgullo. Con estas palabras, que escribo emocionada escuchando con mis auriculares a Chopin, podéis ver que nos tiene que llenar de orgullo nacer en contextos complicados y hacer algo revolucionario con todo ello. Yo no sé si voy a poder cambiar el mundo, pero lo voy a intentar. Mis armas son la educación y las palabras. Y lo estoy intentando. Que tú te leas esto y conozcas nuestra historia, que se la cuentes a tus amigos y que esto pueda llegar a la gente de arriba hace que esté cambiando el pequeño mundo que está en mis manos.

Si tengo que vivir aquí, quiero que sea lo mejor posible. Quiero que podamos cambiar la vida de esas personas que no tienen a nadie y que no pueden huir de sus contextos violentos.

Cuando hablo de que no me veo en la enseñanza, la gente me dice: «¿Y de qué trabajarías?». Y, sinceramente, no lo sé. Cuando presencié aquello y luché por mi tía, me di cuenta de que las asistentes y trabajadores sociales hacen lo que pueden, pero dentro del sistema. Mucha burocracia. No me sentiría bien. Porque hemos vivido en nuestras carnes que, por mucho que nos quieran ayudar, el sistema no tiene salidas para nosotras. Sea como sea, lo único que tengo claro es que me encanta ayudar a la gente, sobre todo a los niños y niñas, porque son almas puras e inocentes y es supergratificante tenerlos cerca. Son amor y luz.

Hace poco fui a ver el musical de *El Rey León* a Madrid y lloré en la primera escena. Estuve con la boca abierta durante toda la obra. Con los vellos de punta. Cuando veía a Simba, me sentía identificada. Yo creía que ya lo tenía todo controlado y ahora va la vida y me empieza a sacar de mi zona de confort, sin rumbo.

Todo llega en su justo tiempo, por eso estoy tranquila. No os he contado que con Mercedes estoy haciendo otro tipo de terapias como *reiki* o ejercicios para soltar los temblores que mi cuerpo ha guardado. Me contó que los niños, cuando sufren, tiemblan y que eso es lo natural, pero que, a medida que vamos creciendo, vamos escondiendo nuestros sentimientos y nuestro cuerpo va guardando todo. Y os juro que desde que he empezado a hacer *reiki* he notado una paz en mí que hacía años que no sentía. Mi vida sigue patas arriba, pero no tengo ansiedad, es como que acepto mi realidad de ahora, valoro y agradezco estar con mi madre en un sitio en calma y respeto los tiempos del universo.

Si en un año estoy en Tanzania o en Málaga, la vida será quien me guíe. De momento, voy a agradecer lo que tengo en el presente y a disfrutar del momento. Además, quizás acabe trabajando de algo que igual ni siquiera ahora existe; eso me lo dice Mercedes.

Tener el sentimiento de no ser feliz y ser inconformista a veces no es recibido bien por nuestro entorno. En mi caso, me dicen: «Pero ¿cómo vas a dejar ahora la enseñanza cuando estás trabajando por vacante y estás arriba en listas?». Y lo entiendo, a mí también me da miedo, pero ¿pienso en mantenerme así treinta años? No. Me da angustia pensar que me tengo que quedar en mi tierra y de maestra hasta que me jubile. Y eso también es intuición.

Quizá me equivoque, pero para volver a opositar siempre hay tiempo. Prefiero buscar mi camino como Simba y, quizá, ahí descubra algo que me llene de verdad y diga: «¡Joder, esto sí!».

Están las cosas fatal, supercaras, y no, no veo la opción de compartir piso y pagar por una habitación. Eso es lo que limita a mucha gente, el hecho de decir «soy infeliz, pero necesito pagar y vivir, así que no me puedo permitir dejar esto». Lo entiendo, ojalá se regularicen los precios de la vivienda y de los alimentos. Porque al final los únicos que lo sufrimos somos los de abajo. Los que nacimos en barrios obreros. Los que nos ponemos mantas por encima en invierno porque no tenemos dinero para pagar la calefacción.

Así que ojalá cambien las cosas y mejoren. Yo lo voy a luchar. Tengo una amiga que se ha ido a Irlanda con su madre. Su madre también es un ejemplo a seguir. Es brasileña, se vino sola a España, luego se trajo a sus hijos, después volvieron a Brasil, luego se fueron a Portugal y ahora viven en Irlanda. La vida está para vivirla. Y toda vida es digna. Todas. Todos merecemos vivir en amor, respeto, calma y con las necesidades cubiertas.

Mi tía Milagros va danzando de habitación en habitación, gracias a ciertos amigos de confianza. A mí me han quitado un peso de encima, porque el hecho de pensar que se podía quedar en la calle me generaba angustia.

Ya no soy la misma persona, he cambiado, aunque siga en el mismo entorno. No me cargo tanto como antes lo hacía. No puedo echarme a la espalda los problemas del resto. Mi tía, como sabéis, tiene un trastorno adaptativo mixto —una especie de bipolaridad— y, cuando en ocasiones me pedía dinero y lo despilfarraba y yo le echaba la bronca, me mandaba mensajes diciéndome que yo le hacía daño y eso me dolía, aunque entendía que era su trastorno. A los días, me llamaba pidiéndome perdón y diciendo que ya sabía que era uno de sus días malos. No debemos cargar con mochilas que no son nuestras. Pero eso me costaba más antes.

Aun así, os digo, el hecho de que mi tía tenga un trastorno mental no implica que yo no le haya puesto límites. Yo ayudo, pero hasta cierto punto. No quiero relevar el rol de muchas mujeres de mi familia que trabajaban para darles el dinero a otros familiares que lo despilfarraban. Me ha costado, pero he tenido que decir hasta aquí.

Gracias a mi psicóloga, fui poniendo límites a las circunstancias que me iban ocurriendo. Me sigo sintiendo mal, pero por lo menos soy capaz de establecer ciertos límites.

Doy gracias a Dios por que me pueda pagar ahora mismo una psicóloga, porque siento que es un gran apoyo para mí y una fuente de seguridad, esa que tantas veces me falta. Cuando el entorno te lapida, está bien tener a alguien que te va quitando las piedras de encima y que te guía un poco el camino a seguir, como un faro.

Me siento orgullosa de todo el progreso que he ido llevando a cabo con trabajo, resiliencia, amor propio y miedo. Tengo mil miedos que me comen por dentro, pero aun así sigo ahí, como el pájaro que resiste al viento en su rama agarrado. Ese pájaro puede ir contra el viento o girarse y aprovechar el torrente de aire para despegar y volar.

Creer en nosotras mismas a pesar de todo es el motor para salir de aquí. Estuve con ansiedad un montón de años y sobrepensaba, porque vivir el momento era una tortura. El presente no era fácil.

Estoy trabajando con mi psicóloga el funcionamiento del cerebro para entender mejor por qué me siento así y cómo pasar de un estado a otro. Al hablar con la psicóloga sobre mi infancia y establecer una línea de vida, he determinado que crecí con los sentimientos de abandono y de miedo. Con los años, ese miedo ha ido adoptando diferentes formas, pero sigue siendo ese miedo. Las amígdalas de mi cerebro están hiperactivadas porque crecí en alerta constante sin saber cuándo iba a venir esa pelea, esos gritos, la policía, el maltrato animal, los abusos sexuales, etc.

Y ahora estoy luchando para no sentir esa alerta constante ni tener el afán de controlar todo para sentirme segura. Al empezar en el colegio, mi ansiedad brotó al no conocer muchas de las cosas que se ejercen en un colegio. Tenía miedo de hacerlo mal, de que me echaran la bronca e incluso de que me echaran del cuerpo de maestros. Sé que es una exageración, pero así es como me sentía, con un miedo constante al conflicto y a que me hicieran daño. No tiene ningún sentido, pero quizá me está costando tanto salir de esta zona de maltrato que, ahora que trabajo como maestra, tengo miedo de que alguien venga y me pise y me destroce la vida —de nuevo—. Y supongo que, cuando gane seguridad en mí misma, sea cual sea mi trabajo y mis circunstancias, ese miedo se irá.

También os digo que me tengo que quedar con cómo he hecho sentir a los niños y con sus valoraciones. En todos los colegios donde hasta ahora he estado, mis pequeños y pequeñas han estado contentos conmigo. Para mí realmente son los jueces de si hago bien o mal mi trabajo, y hasta ahora no he tenido queja de ellos. Es más, me han hecho dibujos, cartas, me han dado abrazos e incluso me pedían que por favor siguiera siendo su profesora, y eso tiene un valor infinito. Para mí, la verdadera evaluación se encuentra en ellos y ellas. Si cuando sean mayores me recuerdan, habré hecho lo mejor que podemos hacer en esta vida, dejar una huella bonita en el corazón de los que nos cruzamos en el camino.

Este capítulo lo cierro con una Ailana que no sabe muy bien cuál será su siguiente paso, pero que acepta la incertidumbre y la magia de la vida. No debemos, ni podemos, controlar todo. Abrazar lo que somos ahora y a quienes sí tenemos es un ejercicio de agradecimiento que debemos hacer. No es que venga yo a daros consejos, pero a veces nos vamos tanto al futuro que valoramos el presente cuando ya no lo tenemos.

Mamá, gracias por haber encontrado otra casa donde estamos tranquilas. Hasta el romero ha florecido con flores moradas. Me encanta estar con ella y sentir paz. La armonía ha crecido y nuestra relación ha mejorado. No sé dónde viviremos en un tiempo, pero agradezco estar con ella aquí y ahora. La amo profundamente. Y me encanta estar en un sitio donde la gente es maja. Tenemos a Gina como vecina, una perrita que me recuerda mucho a mi Kiara. Una perrita mayor y cariñosa. Nos hace mucho bien a mi madre y a mí y nosotras a ella.

Así que gracias, Universo, por colocarnos justo donde tenemos que estar en este momento.

Confío en que todo estará bien, porque, después de todas las tormentas que hemos superado, aquí seguimos. Juntas y más felices.

10

Mis salvavidas

En las peores circunstancias, cuando tocas fondo, cuando quieres desaparecer de este mundo porque no ves otra salida, cuando la angustia te aprieta el estómago y el miedo te deja sin respiración, justo ahí, pueden aparecer nuestros salvavidas. Y digo puede porque, a veces, los tienes que buscar tú.

También sucede que, en ocasiones, no nos queda otra que ser nuestro propio salvavidas. Lo que he aprendido con todo el proceso de mi tía es que delegar en otras personas el peso de la carga que llevo y repartir responsabilidades me ha salvado. Somos personas fuertes, pero no invencibles, tenemos corazón y somos sensibles, por eso es importante que busquemos a personas que nos puedan ayudar.

Como os he contado, al nunca haberme enfrentado a algo tan impactante siendo adulta, me encontraba perdida, asustada y sobrepasada. Empecé a contar lo sucedido a mis amigos y amigas, a gente del fútbol, a mi exprofesora de instituto, a vecinos de confianza, hablé a varias asociaciones y a Laura, una mujer metida en el mundo de la política. Mi cerebro iba a mil por hora y en esos momentos buscaba, dentro de la desesperación, una solución para que mi tía no tuviera que volver al barrio donde casi la asesina su hermano.

Sentí el apoyo de gente externa que, aunque no pudieron ayudarnos, por lo menos, nos escucharon. Y de verdad os digo que, en momentos de desesperación, sentir que te escuchan, te comprenden y que se están moviendo para tratar un tema tan atroz como es la violencia salva vidas. A mí no me dio vergüenza ponerme a escribir a todas las personas que pude —conocidas o no para mí— y mostrar lo que estaba ocurriendo. De hecho, con este libro me estoy abriendo en canal con vosotros para alzar la voz por las injusticias que no solo hemos vivido nosotras, sino que, por desgracia, viven otras personas. Luchar por un mundo mejor pasa por conocer historias reales, así que aquí estoy yo, junto con mi abuela en el cielo y las voces de mi madre y de mi tía.

A mi abuela y a mi madre las quiero con locura y les agradezco que hayan seguido siendo buenas personas a pesar de todo. Siento que hayan tenido que pasar por todo lo que pasaron; hicieron lo que pudieron con los recursos que tuvieron. Gracias por vuestro corazón. A mi abuela le agradezco los achuchones y los besos por toda la cara, que me daba diciendo: «Ay, mi niña, mi niña». Cuando subiste al cielo, yo era una niña y, como siempre he dicho, yo te sigo sintiendo conmigo. Eso sí, echo de menos tu calor carnal, ese que solo tú me dabas y que, con tu partida, se disipó. Espero que estés orgullosa de mí, de que haya sido una niña que vino al mundo a ser una revolucionaria y a romper con los patrones de maltrato y machismo que tú no pudiste romper. Siempre serás mi ejemplo a seguir.

Mi madre es sinónimo de sacrificio y buenos valores, alguien que siempre está como el enanito Gruñón, pero que tiene un corazón inconmensurable. Gracias a la educación que yo sí he podido tener, he logrado ver que, detrás de esa coraza, está una niña maltratada e inocente. Espero que lo que nos queda de vida podamos sentir la paz que nos merecemos. Te quiero, siempre mi inspiración.

Siempre he sido una chica agradecida y, como se suele decir, lo mejor se suele dejar para el final. La idea de escribir el libro viene del episodio de mi tía Milagros, pero, como habéis podido ver, llevo toda la vida saltando obstáculos. A lo largo de mi camino, he conocido a personas que me han mantenido a salvo y fuerte.

Como ya mencioné en algún capítulo, no puedo acabar este libro sin mencionar a los Martínez, una familia que me enseñó a crecer viendo educación y amor. Tengo más fotos de bebé y de pequeña con ellos que con mi propia familia. Recuerdo que cuando me iba de campamento siempre les compraba un detalle. Mi madre siempre nos inculcó que debíamos valorar todo lo que hicieron por nosotros, esas noches de madrugada en que nos acogieron en su casa y mi madre pudo descansar mejor sabiendo que estábamos en buenas manos. Siempre los observé con los ojos de una niña a la que le hubiera gustado sentir el amor que se tenían entre ellos —sobre todo en Navidad— con su propia familia. En mi interior, desde bien pequeña, comparaba lo que yo tenía en el barrio con la familia de los Martínez. Era un aprendizaje como *Barrio Sésamo*, aprendí lo que era bueno y malo. Gracias, Lourdes y compañía, por darnos esperanza y abrirnos vuestros corazones. Os queremos.

También entra en juego la mejor amiga de mi madre, María, quien siempre nos ha cuidado como a sus hijos y juntos y juntas hemos crecido. Gracias por siempre estar y ayudarnos, sobre todo a mi madre. Siempre serás un gran apoyo para ella. Os queremos.

Al jugar al fútbol, he conocido historias también duras, personas humildes con grandes corazones, gente que también pasó necesidades y que me brindó la mano cuando ocurrió todo lo de mi tía. No puedo mencionar a todos porque tengo que preservar el anonimato, pero sí que me hace ilusión mencionar a un gran luchador y mejor persona. Alguien que lleva más de un lustro luchando contra el cáncer, un hombre con un gran corazón. Mati, una persona que no ha perdido ni el humor ni el corazón ni siquiera cuando el veneno de la quimio le invade las venas y recorre su cuerpo. Hay días que intenta camuflar el dolor que siente después de cada ciclo de quimio, pero siempre acude a cada entrenamiento. Su motor es el equipo.

Una bellísima persona que estuvo ahí para pagarme la ficha al ver mis circunstancias, abrirme las puertas de su casa con su familia, preocuparse por mi situación y ser comprensivo, regalarme frutas y vegetales de su huerto, alguien con muchas ganas de hablar y de ser escuchado al mismo tiempo. Este es un pequeño homenaje. Te mereces todo lo bueno y espero que consigas vencer a ese bicho, a ese puto cáncer. Tienes mi corazón ganado y siempre ocuparás un lugar en él. En la andadura del libro, me hacía ilusión que me preguntara cómo iba y me dijera que tenía muchas ganas de leerlo. Espero seguir viéndote emocionarte por cada gol, por cada historia que te conmueve, porque eso significará que tu corazón sigue seduciendo a otros corazones con tu bondad. Te quiero.

Otra de las personas a las que quiero mencionar es a mi amiga Kily, una amiga especial a la que, por el tema de la distancia, solo he visto tres veces en mi vida —ya la he visto más que a mi padre—, pero que siempre ha estado ahí. Me ha visto crecer y sabe absolutamente todo lo que he vivido desde que nos conocimos. Incluso, al ser una persona espiritual como yo, me ha enseñado a vivir la vida desde otra perspectiva, dándome la esperanza de que tenemos un alma que está viviendo algo con un sentido y que, al final, la vida me devolverá la cosecha que estoy trabajando. Siempre me ha dado consejos en base a los acontecimientos familiares que iban sucediendo. Os puedo asegurar que siempre la he sentido más cerca que a muchos «familiares» que la biología me impuso. Lo que me enseñó la vida es que la familia se mide por el amor recíproco, y aquí ella les gana por goleada. Malo será que tardemos en volver a abrazarnos. *Querote moito.*

Durante toda la tormenta, como os he contado, fueron varias personas las que me ayudaron en algún momento. Soy agradecida y siempre me cercioro de que el agradecimiento les llegue. De corazón, gracias a todas, porque la tranquilidad en la que he logrado vivir es fruto también de vuestra ayuda. Amigas y amigos como Paula, Andrea, Virginia, Eva, Azu, Jenny, David, Ángel, Lucía y Paola me dieron la autoestima que me faltaba en alguna etapa y me dieron ese calor humano que siempre he anhelado. Me siguen salvando. Os quiero a todos y todas, y sabéis todo el bien que nos hacemos, mi corazón es vuestro.

También tengo que mencionar a mi tía Soco, fue la primera que me bañó cuando nací. Alguien que nos acogió cuando mi abuelo prendió en llamas nuestra casa. Guio y unió a la familia como pudo. Le tocó sufrir mucho, pero no perdió su corazón. Es de las pocas personas que considero familia. Ahora me gustaría que el resto la cuidara como ella ha hecho con los demás. La quiero mucho. Y a mi tía Milagros también. A las mujeres de la familia les guardo un hueco en mi corazón, porque vivir entre machismo es un horror.

Me acuerdo de la prima de mi madre, por rebelarse y querer mejorar como persona, lejos de la toxicidad. Sigue siendo una hermana para mi madre y a mí me encanta ir con ella y su marido a visitar pueblitos de vez en cuando. Incluso nos juntamos en Navidad. Lo tenemos claro, nos da igual si tenemos relación sanguínea o no, solo vamos a permitir entrar a nuestra vida a buena gente. Ella tampoco va al barrio conflictivo; nos hubiera gustado tener una familia normal, pero es lo que hay, así que tenemos que buscar nuestra paz. Nuestra prima es de esas personas con las que me desahogo, y ella también lo hace conmigo. Leemos, cultivamos nuestra mente, sacamos tiempo para nosotras. Gracias, os queremos.

Una persona a la que también tengo que mencionar es a Guada, una chica que me abrió las puertas de su casa sin conocerme ni siquiera en persona. Quizá las buenas vibras traspasan las pantallas y existen personas que nos transmiten confianza en una videollamada. Ante una historia así, hay gente que se asusta y desaparece. Lo puedo llegar a entender, aunque, si os soy sincera, cuando ocurre esto siempre pienso que ellos y ellas se lo pierden. Llevo desde pequeña resolviéndome y gestionándome como puedo mis emociones y los problemas con los que me he topado. No pretendo que nadie me solucione mi vida, para eso estoy yo. Una mujer independiente. Por eso, la gente que escucha mi historia y se marcha me importa una mierda.

De ahí que valore a Guada, como os iba diciendo; después de la tormenta siempre llega la calma y a veces la calma llega en forma de persona. Esta chica se ha ganado un hueco en mi corazón. Cuando yo quería huir de aquí porque mi tía había tenido que volver al barrio y nadie de mi familia me escuchaba, ella me ofreció irme a su casa. Como Rocío y Andrea, otras dos chicas que, al ver la situación, me abrieron las puertas de sus pisos. Y aquí se ve la grandeza de sus corazones. No me atreví a dar el paso porque tenía demasiado miedo. Miedo porque sabía que eran buenas personas pero no nos conocíamos en persona. Guada también escribió algún párrafo de este libro cuando yo era incapaz porque las emociones me ahogaban. Gracias de corazón, siempre te estaré agradecida.

Este capítulo de agradecimiento refleja mi voluntad de dar las gracias a quienes nos ayudan por nuestro camino de vida. Algunas almas se fueron a consecuencia de la violencia y quería dedicarles estas líneas por todo lo que sufrieron y porque se fueron sin querer irse. Mi afán por escribir este libro viene de intentar salvar vidas que están gritando socorro y que el sistema no ampara. Por ellas voy a luchar, para que el sistema les dé una oportunidad de vivir.

Y para acabar, voy a mencionar a mi abuela. Me escucha desde el cielo y desde allá arriba ha visto todo el dolor que hemos sufrido en nuestra familia. Lo sabe todo, porque fue una bella rosa que tuvo un camino de espinas pero que, aun así, no dejó de brillar y de achuchar. Te echo de menos, las cosas han cambiado y se han detonado, pero hay esperanza aún. Tu nieta y otros seres de la familia que ya conoces no seguimos el legado del maltrato y la violencia, estamos sanando el linaje familiar. Y en cada uno de nosotros estás tú, porque nos enseñaste con tu amor y tu luz que la vida puede ser maravillosa si estamos cerca del amor. Echo de menos ver contigo *Saber y ganar,* las meriendas contigo, tus achuchones y besos por mi cara o, bueno…, en realidad solo te echo de menos a ti. Me encantaría que siguieras viva, aunque, viendo el panorama, me alegro de que te fueras de aquí, te merecías un lugar mejor. Nos veremos algún día, nos volveremos a abrazar. Mientras, espero que me sigas viendo crecer y publicar este libro, que también es tuyo. Te quiero, abuela.

11

Mi voz, mi libertad

¿Llegamos al final o empezamos ahora la lucha? He llorado tanto, incluso escribiendo estas líneas, que simplemente espero que ahora seáis vosotros y vosotras quienes empecéis a darnos voz. Voy a comprar cien ejemplares y muchos de ellos los voy a regalar, porque me interesa que la gente los lea, que se entere de que no nos están sacando del lugar de maltrato. Solo haciendo presión social los de arriba hacen algo. Así que, por favor, compartid el libro en redes, hablad con asociaciones y amigos y amigas. Sed megáfonos vivientes.

Yo no voy a poder compartir nada, porque no quiero que sepan quién soy. Así que necesito que lo hagáis vosotros por mí, por mi tía y por otras tantas víctimas que ahora mismo siguen maltratadas y traumatizadas.

Es increíble que esté publicando el libro; quién le iba a decir a esa niña que lloraba y que en ocasiones se desmayaba por la tensión acumulada que iba a narrar un día todo eso en un libro y que, para siempre, dejaría su huella. Una bonita.

Cambió su legado familiar que dejaba cicatrices por dejar huellas bonitas. Gracias por seguir, incluso cuando no veías ninguna salida. Nos nubla el dolor, pero, como veis, podemos salir, y confío en que la vida nos va llevando a donde tenemos que llegar. La toma de decisiones va marcando nuestro camino, pero la falta de toma de decisiones también. Y aquí habéis podido ver que, si no intentamos salir de nuestra zona de maltrato, puede venir una desgracia.

Yo ya os digo que lo voy a intentar, que me encantaría tener un piso pagado, un coche y un dineral en el banco, porque la vida sería más fácil, pero que no me voy a conformar con ganar un sueldo bueno si no soy feliz. Que las cosas están mal, pero no pienso gastar mi energía y mi tiempo en algo que no me guste. Ya que tenemos que trabajar, por lo menos hacerlo en algo que nos llene.

Y me encanta dar clases de Educación Física, pero el sistema no y creo que seguiré buscando algo que me llene. Que luego vuelvo, perfecto. Nunca sabemos dónde vamos a parar, pero hay que ser valientes. El amor y la justicia son mi motor. Nunca hubiera pensado que iba a escribir un libro y aquí estoy. Mostrándome vulnerable y resiliente, contando de manera anónima verdades que sucedieron y que suceden. Gritando en silencio que la vida nos sonría y que nos vaya bien. Hay gente buena, como mi amiga Jenny, a la que he mencionado antes y a la que quiero escribir ahora unas líneas. Es de las personas más increíbles que conozco, es detallista, se preocupa por mí, y no, tampoco lo ha tenido fácil. Ha llegado a trabajar en tres trabajos a la vez para poder pagarse una habitación. Sola, sin contar con nadie. Los jóvenes no lo estamos teniendo fácil para emprender nuestras vidas, pero os juro que, con amigas como Jenny, la vida es un lugar mejor, más bonito y más ameno. Te admiro profundamente, de corazón. Espero que la vida nos lleve a un lugar bonito y de calma. Siempre nos decimos que cuando tengamos setenta años, estaremos tomándonos un café, con nuestras plantitas y riéndonos de todo lo que pasamos. Gracias, amiga. Como sueles decir: «Hay personas a las que miras y otras a las que admiras». Y tú eres de las segundas. Te quiero y te admiro.

Y también a mi amigo y primo David. Eres de los pocos que eres de mi sangre y que al mismo tiempo conectamos. Su vida tampoco fue fácil, pero supo brillar solo y ser ejemplo para otras generaciones, como para mí. Juntos nos reímos de lo vivido, con nuestros paseos, con humor y con amor, porque compartimos no solo sangre, sino luz. Gracias, te quiero.

Ay, Ailana, estoy emocionada al ver parte de nuestro recorrido. Aunque aún nos quede toda una vida por delante, te admiro por tu fortaleza, por tu lucha ante la injusticia, por ser risueña y por tu luz. Te quiero. Por Ailana espero que se reflejen también esas víctimas que siguen y siguen y siguen, a pesar de todo. Yo estoy aportando mi granito de arena para mejorar el mundo. Y creo que con mi presencia es más bonito y más colorido. En este libro también os he mostrado a personas que iluminan con su presencia y ejemplo. Gracias a todas.

El mundo nos necesita, y a ti, Ailana, el mundo no podía perderse a una guerrera como tú. La mayor victoria ha sido crecer en un entorno complicado sin dejar de brillar ni de amar. Amarme y quererme ahora es una gran batalla ganada. Me cuido, saco tiempo para mí, paseo, escucho música y, sobre todo, pienso en mi bienestar emocional, mental y físico. Cuido mi energía. Ahora me miro al espejo y me quiero. Todavía no siento que sea feliz, pero hay que disfrutar del trayecto del viaje y de la magia que nos brinda la vida. Quiero mencionar también a todos los animales que he tenido, sobre todo a Kiara y a Milo, porque todos me vieron llorar, sufrieron y tuvieron ansiedad, y ya no están con nosotros físicamente, pero sí con el alma. Perdón, porque os topasteis con la maldad humana, y gracias por quererme incondicionalmente y comprenderme como no hicieron los de mi misma especie.

Como os he dicho antes, me siento perdida y sin rumbo, pero me estoy construyendo mientras. Vivo en calma, escribo y me siento más relajada. Todo irá bien, pequeña.

En muchas ocasiones quise irme de aquí por no encontrar cariño ni quererme. Ahora, gracias a mi resiliencia y a mi amor propio, quiero ayudar a combatir la maldad, a cambiar las leyes y a hacer más amena la vida de las personas con las que me cruce. Gracias, Ailana, estoy muy orgullosa de ti.

Y, de nuevo, gracias enormemente a vosotros y vosotras, que habéis leído nuestra historia. Hablad, no os calléis, compartid en redes sociales. Que empiece la revolución. Por las víctimas y por las que ahora claman justicia desde el cielo.

Gracias de corazón, os abrazo.

Y, cómo no, me gustaría dedicarle unas palabras a mi tía, el motor por el cual escribí este libro. Cuando era adolescente, yo fui una verduga que también solía tratarla mal porque, aunque tuviera luego mis sentimientos, era lo que veía. Crecimos en un ambiente donde a esta pobre mujer se la tachaba de loca y se la señalaba como la mujer que generaba las movidas.

Sí que es verdad que ella siempre solía llamar a la policía y empezaban los gritos y amenazas. Quizá por eso la relacionaba con problemas y no quería acercarme. Pero al ir creciendo te das cuenta de que, si no es fácil lidiar con gente machista y violenta en circunstancias normales, ¿cómo podría convivir una persona con un trastorno adaptativo mixto?

Cuando crecí le pedí perdón y cuando vi lo que sufrió con las puñaladas de la cabeza y el cuello actué. Fue un calvario, una locura, una desesperanza, pero hoy en día estamos en otro punto. Pero siento profundamente que las cosas hayan tenido que acabar casi en un asesinato para gritar y darnos cuenta de que esto no es normal. Por eso necesito que si lees este libro lo cuentes, lo compartas, porque nosotras estamos cansadas de intentar llegar a la gente con la boca pequeña, pensando en quiénes nos pueden ayudar y en quiénes no confiar por si llega a los oídos de gente que puede contárselo a nuestra familia.

Muy poca gente me ayudó en redes sociales y evidentemente la trascendencia que yo pueda tener no es la misma que la de gente que tiene más seguidores. No sé a quién acudir para ayudar a la gente en la misma situación que la de mi tía. Hemos probado todo lo social y al final están limitados por el sistema. Necesitamos hacernos eco para que el sistema cambie y nos puedan ayudar.

Volviendo a mi tía, voy a decir que es un ejemplo de resiliencia, valentía y rebeldía. Quizá no era fácil convivir con una persona con un trastorno adaptativo mixto, pero tampoco lo era convivir con la violencia y el miedo. Siento muchísimo que no solo hayas sufrido las agresiones físicas, que te han dejado secuelas físicas y mentales, sino también el rechazo de la familia y de mucha gente, que, lejos de apoyarte, apoyaron a los verdugos. Quizá hubieras podido tener otra vida si el sistema te hubiera ayudado.

Gracias por tu rebeldía entre tanto hombre violento, por seguir a pesar de que nadie te tratara bien y te maltrataran no solo físicamente, sino con su odio al llamarte loca. Ahora que empiezas a vivir y que, con suerte, te quedará una veintena de años, espero que puedas vivir en calma y en paz. Me has enseñado a seguir adelante aunque no sepas si mañana vas a tener dinero para comprar pan o una docena de huevos, a buscar tu paz aunque estés en juicios con familiares, a intentar ser feliz aunque no sepas tampoco si vas a tener un techo donde cobijarte.

Cuando ocurrieron los hechos con mi tío, yo incidí mucho en que no volviera al barrio. Al ver que no nos daban ninguna solución, mi tía me dijo que se echaría en la caseta del perro. Y nadie debería dormir en la calle, porque la vivienda es un derecho y es una auténtica vergüenza no solo vivir maltratada, sino que encima no te den ni una salida ni te puedas ir tú porque los alquileres están por las nubes. Señores y señoras del Gobierno, regulen los precios de la vivienda. Quizá ustedes no lo noten, pero piensen un poco en los que estamos aquí abajo, sobreviviendo.

Así que gracias, tía, por ser diferente, por inspirarme a escribir el libro, por esas charlas que hemos tenido buscando un poco de paz, comprensión y alivio. En ocasiones me has desquiciado, pero te quiero y te pido perdón por todo lo que has tenido que sufrir. Deseo que este libro sea el motor para que la ley ampare a las víctimas del maltrato en la familia y para que, si alguien necesita huir de su familia, también le faciliten la salida a centros y pisos.

Me encantaría trabajar ayudando a los demás, pero aún no sé de qué podría trabajar porque como os dije siendo maestra estoy viendo que no me gusta el enfoque de nuestro sistema educativo. Pero viendo los casos de mi tía o los niños de contextos difíciles me gustaría trabajar en cosas donde me sienta libre y feliz ayudando a otras personas, aunque de momento no sepa de qué. Si conocéis trabajos, proyectos sociales o cualquier cosa escribidme al correo electrónico.

En fin, por último, decir a mi tía que la quiero y que deseo que sea en la ciudad de España que sea, pueda vivir en calma y pasar los últimos años de su vida lejos de la maldad y el maltrato. Gracias, te quiero.

Agradecimientos

A quienes me habéis leído y vais a compartir esta historia para ayudar a otras víctimas. Tenemos el poder de luchar y cambiar esta realidad, gritando y siendo un altavoz.

A las personas que me han abrazado cuando quería irme de este mundo y a mi psicóloga, Mercedes, por el gran trabajo que seguimos haciendo al transformar el dolor en fuerza para crear algo que revolucione y que ayude a otras personas.

A las mujeres de mi familia, por inspirarme a luchar contra el machismo.

A las víctimas que están en el cielo clamando justicia y por las que aún viven, o malviven, rodeadas de golpes. Por todas ellas quiero que este libro libere a las almas maltratadas y se haga justicia, protegiendo.

Nota de la autora

Queridos lectores:

Llega vuestro momento. Espero que este libro os haya hecho sentir algo y os haya tocado el corazón. Soy una chica humilde, queriendo ayudar a otras personas. Necesito que compartáis el mensaje de este libro para poder hacernos eco de lo que está ocurriendo actualmente en España.

Como habéis leído, nuestra familia nos ha maltratado, pero seguimos aquí, con los mismos maltratadores al lado porque no existe una organización donde se lleven a las víctimas que lo necesiten. Esto no debería ser un escenario utópico; las leyes están para modificarse, para crear nuevas y para que, al fin y al cabo, nos protejan.

Me niego a ser conformista, me niego a pensar que nuestra lucha es en vano. No quiero. Voy a utilizar el tiempo que me queda de vida para darles la oportunidad a otras personas de que vivan, para ayudar a niños y niñas, para cambiar de rumbo las veces que haga falta, sin ser descerebrada, pero con la convicción de que voy a intentar hacer feliz a la gente y buscar mi felicidad.

Que lo sufrido durante todos estos años, y en especial las diez puñaladas a mi tía, sirva como denuncia para cambiar al sistema y que se ampare a cualquier víctima que necesite huir por seguridad. Fuerza y honor, como la película de *Gladiator,* para luchar contra la maldad y honrar a las víctimas.

No tenemos un mundo idílico, pero no todo el mundo es malo. Nuestro punto de partida puede ser distinto a nuestro punto final y ese es mi objetivo. Ahora soy maestra, pero, como os dije a lo largo del libro, no veo que el sistema educativo y yo compartamos los mismos objetivos. Yo quiero llegar al corazón de la gente, mejorar el trayecto de las personas con las que me cruce y sentirme orgullosa de que cada momento que viví fue desde el amor.

Lo único que os pido es que compartáis el mensaje de este libro, que seáis un altavoz con el tema de la violencia intrafamiliar porque yo no voy a poder. Voy a regalar a personas y librerías el libro para que se empiece a conocer cuanto antes.

Elegid ser amor y luz por encima de la oscuridad. Muchísimas gracias de corazón.

He creado el correo electrónico que tenéis a continuación por si queréis compartir conmigo vuestras vivencias o proyectos sociales que me puedan interesar para implicarme. La fuerza de los buenos corazones es mayor si nos unimos.

Contacto: violetawingsalasmoradas@outlook.com